Livre para voltar

Roberto de Carvalho
Espírito Basílio

Livre para voltar

Aliança

1ª edição, Janeiro/2018, do 1º ao 7º milheiro.

TÍTULO
Livre para voltar

AUTOR
Roberto de Carvalho / Basílio

DIAGRAMAÇÃO
Equipe Editorial

CAPA
Equipe Editorial

IMPRESSÃO
Rettec Artes Gráficas e Editora Ltda.

FICHA CATALOGRÁFICA

Dados Internacionais de Catalogação na Publicação (CIP)
(Câmara Brasileira do Livro, SP, Brasil)

Basílio (Espírito).
Livre para voltar / (Espírito) Basílio;
[psicofragado por] Roberto de Carvalho. --
São Paulo : Editora Aliança, 2017.

ISBN 978-85-8364-062-2

1.Espiritismo 2. Psicografia 3.Romance espírita
I. Carvalho, Roberto de. II. Título.

17-11952 CDD-133.9

ÍNDICE PARA CATÁLOGO SISTEMÁTICO

1. Romance espírita psicografado: Espiritismo 133.9

EDITORA ALIANÇA
Rua Major Diogo, 511 - Bela Vista - São Paulo - SP
CEP 01324-001 | Tel.:(11) 2105-2600

www.editoraalianca.com.br | editora@editoraalianca.com.br

Este romance é uma obra inspirada mediunicamente e tem por finalidade divulgar o espiritismo por meio dos ensinamentos básicos de sua Doutrina, principalmente no que se refere à aplicação das leis universais como fator de correção e aprendizado ao Espírito em processo de expiação.

Embora a narrativa seja baseada em fatos reais, os personagens nela apresentados são ficcitícios. Portanto, qualquer semelhança com nomes ou aspectos físicos de pessoas e lugares terá sido mera coincidência.

Sumário

"Em busca de crescimento, o Espírito em estágio de expiação pode ser comparado a uma árvore cujas folhas estão renovadas na copa, mas que é sustentada pela antiga raiz. A verdadeira transformação moral ocorrerá somente quando nossos ramos e raízes estiverem devidamente ajustados."

Ambrósio (Espírito)

Gratidão

Dizem que num pequeno vilarejo, situado entre uma espigada montanha e o mar, vivia um homem generoso. Apesar da idade avançada, ele saía todos os dias bem cedinho com seu barco de pesca e, ao atracar no cais, doava os peixes para as dezenas de moradores da localidade, que eram muito pobres.

Além disso, ele ajudava a todos, orientando, aconselhando e preparando-lhes medicamentos quando adoeciam, pois um Espírito amigo o auxiliava nessas tarefas.

Durante uma noite, o amigo espiritual entrou em sintonia com ele e disse:

— Preciso que você pegue todos os seus pertences e se dirija amanhã mesmo para o alto da montanha.

— Mas por que tenho que fazer isso? – perguntou o homem. — Será muito trabalhoso...

— Não posso adiantar o motivo – o Espírito respondeu. — Mas lhe garanto que é muito importante que o faça.

O homem pensou por um instante e ponderou:

— Estou pensando num modo de conduzir tudo que eu tenho lá para o alto. Levar essa carcaça em que meu corpo se tornou já será sacrifício demais para mim.

— Peça ajuda aos moradores – sugeriu a entidade. — Em retribuição ao muito que têm recebido de você, certamente eles vão demonstrar gratidão e recompensá-lo, auxiliando-o.

Na manhã seguinte, o homem percorreu todo o vilarejo, contou sobre a orientação que recebera de seu anjo protetor e solicitou ajuda para levar seus pertences até o alto da montanha, mas para grande decepção só ouviu negativas, desculpas, deboches e desaforos. Nem seus parentes quiseram ajudá-lo.

Porém, como não era de desobedecer às orientações de seu amigo espiritual, ele pegou apenas o que podia carregar e, sozinho, iniciou a longa e cansativa viagem montanha acima.

Quando finalmente alcançou o topo e olhou para baixo, teve uma surpresa: o vilarejo havia sido devastado por um tsunami, provocado por um maremoto ocorrido a grande distância dali. Todos os casebres estavam destruídos e não havia sinal de vida em lugar algum.

Confuso e intrigado com tudo aquilo, o homem pediu esclarecimento ao amigo espiritual, que o acudiu dizendo:

— Eles não se salvaram porque não quiseram. O convite foi feito a todos e a senha para se salvarem da tragédia que os destruiu era “gratidão”.

✦ ✦ ✦

Sou eternamente grato aos queridos amigos espirituais que, apesar de minhas tantas imperfeições, convidaram-me para a tarefa e me permitem utilizar a mediunidade para transcrever mensagens edificantes como mais esta obra inspirada pelo Espírito Basílio.

O autor material

Amor e mediunidade

A única autoridade legítima, aos olhos de Deus, é a que se apoia no bom exemplo. É o que resulta evidentemente das palavras de Jesus.

E.S.E[1] *– cap. 10 – item 13*

O despertar da consciência humana sobre a realidade da vida espiritual e os desdobramentos impostos pelas leis universais como fator corretivo indispensável à progressão moral, tem levado as pessoas a buscarem esclarecimentos em congregações de caráter religioso-educativo que possam realmente elucidar seus questionamentos. Já não se contentam com a chamada "fé cega", em que o rebanho, submisso e passivo, acata as ideias do "pastor soberano", detentor de todas as verdades e, portanto, incontestável em suas afirmações.

---

[1] *O Evangelho segundo o Espiritismo* - Allan Kardec.

Aos poucos se vão atentando para questões que, apesar de sua clareza e obviedade, estiveram anuladas por tiranas imposições dogmáticas de interesses variáveis e que transformaram a religião numa "ordem de comando" pragmática, na qual a hierarquia segue praticamente as diretrizes de um regime político-militar, tendo como pilares de sustentação valores que na maioria das vezes passam ao largo daquilo que foi citado pelo Cristo como base fundamental para se ocupar lugar de relevância em sua pirâmide: "Quem quer ser o maior, seja o maior servidor".

Se todos os voluntários dessas instituições religiosas – principalmente aquelas que apregoam o cristianismo como bandeira de ideal – tivessem real consciência do relevante exercício de suas atividades; se soubessem das consequências geradas por suas ações, certamente teriam muito mais cuidados com o seu desempenho à frente da causa abraçada, na maioria das vezes concedida por misericórdia divina, como oportunidade de reparações expiatórias para o próprio servidor.

A mediunidade – uma das ferramentas mais eficazes para essa tomada de consciência sobre a imortalidade da alma e o intercâmbio existente entre as esferas material e espiritual – é das mais antigas entre nós e tem sido usada há milênios na história da humanidade.

Entretanto, os seus mecanismos só se tornaram mais evidentes depois da edição dos livros da codificação espírita, na segunda metade do século XIX, por meio do trabalho de Allan Kardec, auxiliado por dedicada equipe de médiuns e assistido pelos Espíritos que se prontificaram a trazer a lume o que, por tanto tempo, fora mantido sob um manto de mistério com acesso restrito a uma minoria de "iniciados", em muitos casos transformando o exercício mediúnico em objetos de poder, luxúria e enriquecimento material, desvirtuando a sua sagrada função caritativa e altamente reveladora.

O que não se pode perder de vista é que nenhuma causa verdadeiramente cristã será legítima se não estiver embasada nos aspectos fundamentais do cristianismo: humildade, caridade, renúncia de interesses pessoais... E, antes de tudo, "amor a Deus acima de todas as coisas e ao próximo como a si mesmo".

Ora, o que leva uma pessoa a buscar auxílio em uma casa religiosa é, invariavelmente, a ausência de amor em sua vida. Não o amor frívolo, passional, condicional e seletivo que o mundo costuma oferecer, mas o amor universal, totalitário, fraterno, incorruptível... O amor que Jesus ensinou a praticar de modo verdadeiro e indistinto. É esse o sentimento que deve nortear as diretrizes de uma instituição que se propõe a ajudar os necessitados do modo como o Cristo e seus discípulos fizeram.

"São os doentes que necessitam de médicos", disse o Mestre. Na condição de "médico de almas", o servidor estará descumprindo sua função se assumir outro papel que não seja o de amparar, cuidar, orientar, auxiliar... E para cumprir fielmente esse papel é fundamental que, além da ferramenta mediúnica, o servidor esteja revestido do mais puro e desinteressado sentimento de amor.

Quando o médium passa a julgar ou a analisar a condição do assistido por um ponto de vista crítico, assume uma função que se desvirtua daquilo a que se propôs e se mostra incapaz de praticar o amor incondicional. Nesse caso, a "alma doente" dificilmente obterá alívio para a sua enfermidade moral e o servidor – também de alma doente – terá perdido a chance de cumprir a tarefa pela qual certamente implorou como atribuição voluntária durante seu período encarnatório no plano terreno.

A dissimulação de um sorriso de falsa indulgência não atenua a gravidade da falta promovida por sentimentos antifraternos, ainda que de natureza aparentemente leve. Em todas as ocasiões é necessário que o servidor se coloque no lugar do assistido e se pergunte como gostaria de ser tratado, estando na posição dele. Iria se sentir melhor sendo acolhido amorosamente ou sendo criticado, julgado e condenado?

Reflitamos, meus irmãos! Para julgar e decretar penitências existem os tribunais – humano e divino – e que, ainda assim, só o fazem levando em consideração todo o histórico do que está em pauta. A casa religiosa, além de não representar nenhum poder judiciário, tem como função o amparo e o amor incondicional. Além disso, em muitos casos, os que buscam o recurso da assistência espiritual para alívio de suas consciências são menos devedores do que aqueles que se consideram no direito de lhes ajuizar, intensificando o sofrimento em vez de atenuá-lo.

As palavras iniciais desta obra não têm por objetivo constranger a atuação dos abnegados irmãos de ideal cristão que dedicam parte do seu tempo às edificantes tarefas de assistência espiritual, mas serve de alerta para que tais serviços obtenham o respaldo glorioso da verdadeira caridade, que os coroará de bênçãos, transformando-os em bálsamos curadores que, fluindo em dupla via, aliviarão dores arregimentadas tanto por quem busca auxílio quanto por aqueles que se propõem a concedê-lo.

Que Jesus nos ampare e fortaleça em nós o desejo de amar e servir aos nossos irmãos cada vez mais e com mais verdade e alegria!

O autor espiritual

Capítulo 1

Uma linda paisagem

"Enquanto certos Espíritos culpados erram nas trevas, os felizes gozam de uma luz resplandecente e do sublime espetáculo do infinito."

E.S.E – cap. 3 – item 2

Sentados à sombra de frondosa árvore, eu e o "negro Ambrósio" – como ele fazia questão de ser tratado – contemplávamos a extensa planície que se estendia à nossa frente e a abóbada azulada que a recobria. Ele me disse que gostava de ficar assim por longo tempo, quase estático, deixando fluir os pensamentos que se formavam em seu universo interior; um torvelinho de lembranças que lhe vinha de modo variável e quase sempre esparsamente, como as aves que se espalham pelo céu depois do confinamento imposto por prolongados períodos de tormenta.

Inicialmente, as lembranças aportavam de supetão e desarmonizavam um pouco os sentimentos dele, mergulhando-o em melancolia. Com o tempo, passaram a se aproximar com a brandura de uma brisa outonal e lhe traziam sensações nostálgicas, mas não necessariamente negativas. Ambrósio ia, aos poucos, aprendendo a garimpar, em meio aos detritos corrosivos daquelas minudências, pequeninas preciosidades que, quando agrupadas, formavam inestimável tesouro de bênçãos e alegrias.

Sabia agora que é desse modo que nos beneficiamos da imorredoura piedade de nosso Pai Criador, recebendo em todos os momentos as graças misericordiosas do Seu amor incondicional, por meio de benefícios sutis que quase sempre passam despercebidos, misturados às atribulações a que somos submetidos por força da interação com a materialidade, durante os períodos encarnatórios, quase sempre repletos de sofrimentos probatórios.

Ele havia entendido que os reveses da vida, as experiências amargas que vêm até nós não são fardos inúteis a pesarem sobre os nossos ombros. Na verdade, não são fardos, nem são inúteis, porém medicamentos a tratarem as feridas morais que impomos a nós mesmos por meio dos equívocos que cultivamos em nossas almas, alimentados por sentimentos menores, principalmente pelo egoísmo; essa chaga pútrida gerada pelo instinto animal, que garantiram a nossa sobrevivência em tempos remotíssimos e da qual, aos poucos, vamo-nos despindo.

✦ ✦ ✦

Em sua última encarnação, Ambrósio foi criança sem ter muita consciência do que representava o período da infância. Na senzala rudimentar onde nasceu não havia grandes distinções entre crianças e adultos, assim como quase não havia distinção também entre homens e mulheres. Todos compartilhavam a mesma sina, a mesma hostilidade do cativeiro, a ingrata herança da escravidão imposta pela hereditariedade da raça.

A cor da pele era o fator determinante de seus destinos, e contra isso nada podia ser feito. Já nasciam subjugados pelo poder de quem havia capturado ou comprado seus antecessores. Antes mesmo de ter um corpo carnal formado para abrigar o Espírito, todos eles já tinham donos. Seu certificado de nascimento era o compromisso de servir sem reclamar, de se submeterem à clausura e aos maus-tratos sem terem a quem recorrer, por mais injustiçados que se sentissem.

Dentre os detritos corrosivos de suas lembranças infantis destacavam-se cenas grotescas que fora obrigado a assistir – a pretexto de servir de exemplo a futuros escravos que se arvorassem a se rebelar – de homens e mulheres presos a instrumentos de torturas, padecendo castigos desumanos sob estalidos de impiedosos açoites que lhes escalavravam a pele nua e arrancavam sangue, provocando dores intraduzíveis, urros, choros, revoltas...

A tétrica orquestração daqueles ruídos inquietantes povoara os seus primeiros anos de menino cativo e o obrigou a criar uma espécie de escudo imaginário, porém eficaz. Ambrósio pensava ter construído mentalmente aquele mundo, com aquela paisagem paradisíaca: a campina verde, a árvore frondosa e o azul-celeste impecável do firmamento, no qual aves silenciosas deslizavam com suavidade. Era para ali que ele se transportava nos anos longínquos de sua infância, buscando refúgio nos momentos mais difíceis de sua vida.

O que ele não sabia à época é que as viagens consideradas imaginárias àquele paraíso eram, na verdade, fruto de projeções espirituais às quais Ambrósio recorria, ainda que sem saber, nos momentos de grande tensão. Esses desdobramentos só eram possíveis porque ele possuía um raro tipo de mediunidade que permite ocorrer a qualquer hora o afrouxamento temporário dos laços fluídicos que mantêm a alma presa ao corpo físico, deixando-a livre para fazer incursões ao plano espiritual.

Assim, naquele distante passado, Ambrósio se acomodava à sombra daquela árvore e deixava o vento penetrar em seus ouvidos e invadir-lhe a mente com tanta intensidade, que nenhum outro som suplantava o uivo persistente, sobrepondo-se à balbúrdia das misérias humanas que ele era forçado a testemunhar.

Das preciosidades encontradas em meio às tristes lembranças da infância destacava-se, principalmente, a ternura incondicional de sua mãe, Anacleta. Apesar das dificuldades impostas pelo cativeiro, Ambrósio não podia se queixar de falta de atenção materna naqueles anos iniciais. Sua genitora era uma negra muito bonita, delicada, carinhosa e foi, certamente por sua natureza apaziguadora, que ele nunca a viu sofrer quaisquer tipos de maus-tratos e isso não deixou de ser também uma das tantas bênçãos que ele recebeu (sem perceber que recebia), pela benemerência do Criador.

Os carinhos e conselhos que Anacleta lhe dedicava nortearam os passos do menino e abrandaram dores e revoltas que poderiam ter dado um rumo bem diferente ao seu destino ainda naquela fase inicial de sua mocidade. Ali, de olhos fechados, Ambrósio praticamente conseguia ouvir a voz materna que se perdera na poeira do tempo, a lhe aconselhar com firmeza, mas sem abandonar por um segundo a doce suavidade que a legitimava:

— Não vale a pena ficar se lamentando ou se revoltar contra o destino, meu filho – ela dizia, enquanto acariciava o rosto do menino. — Nossa vida aqui não é das piores. Trabalhamos muito, mas temos alimento suficiente para saciar a fome. Nosso dono é tolerante quando adoecemos e permite que as mães cuidem de seus filhos. Além disso, ele só manda para o serviço pesado homens e mulheres de corpo formado, deixando as crianças miúdas desfrutarem sua infância. Não é todo fazendeiro que age assim com seus escravos...

— Mas ele bate na gente – o menino dizia com os olhos esbugalhados, fisionomia tensa, lembrando-a das surras que eram testemunhadas periodicamente.

— Ele só pune os fujões, preguiçosos e arruaceiros – a mãe justificava. — Gente teimosa que sabe que não tem para onde ir e, mesmo assim, insiste em querer fugir; e outros que não conseguem viver em paz, que estão sempre arrumando confusão, rixas e desavenças em vez de trabalhar.

Então ela o olhava dentro dos olhos e praticamente implorava:

— Promete que você não será assim, meu filho? Promete que será obediente, pacífico e trabalhador?

E em meio àquele apelo desesperado, explicava:

— Se um dia eu tiver de vê-lo preso ao tronco de castigo, sendo açoitado pelo feitor, eu vou morrer de desgosto.

Ao dizer essas palavras, os olhos da mulher ficavam marejados e uma angústia imensa invadia o coraçãozinho de seu filho. Só de imaginá-la aos prantos, vendo-o ser castigado pelos feitores, sem nada poder fazer, poderosa força de opinião o dominava inteiramente e ele assumia com ela e consigo mesmo o compromisso de fidelidade àquelas súplicas. Jamais seria motivo de desgosto para a pessoa que mais amava na face da terra.

— Não se preocupe, mamãe. Nunca vou ser castigado naquele tronco – ele dizia convicto, enxugando-lhe os olhos com seus dedinhos miúdos e beijando o rosto materno banhado de lágrimas salgadas.

Ambrósio era ainda ingênuo demais para saber que nem sempre basta ter força de vontade para que as promessas sejam fielmente cumpridas. Mas acreditava nas palavras da mãe, principalmente quando ela dizia que acima de todas as coisas do universo havia um ser supremo, justo e amoroso. Anacleta falava sobre as maravilhas que Deus realiza na vida das pessoas e ensinava o filho a conversar com Ele, agradecendo pela dádiva da existência e pedindo orientação, amparo e sabedoria.

Não era um aprendizado fácil de ser absorvido, principalmente levando em conta as misérias humanas vivenciadas e testemunhadas pelo menino, mas como duvidar do que lhe era ensinado pela criatura que ele mais amava no mundo e que representava o único porto seguro e calmo em meio a tanta incerteza?

Era por esse motivo que Ambrósio, mesmo tão despreparado para as intempéries da vida, começava a acreditar no amor incondicional do Criador para com os seus filhos, deixando a sementinha da fé germinar silenciosamente no solo fértil de sua alma, que ensaiava os primeiros passos na senda do aprendizado espiritual.

Capítulo 2

O Preto Velho "novo"

> "Se tiverdes amor, tendes tudo o que mais se pode desejar na Terra, pois tereis a pérola sublime, que nem as mais diversas circunstâncias, nem os malefícios dos que vos odeiam e perseguem, poderão jamais arrebatar."
>
> *E.S.E – cap. 8 – item 19*

Conheci Ambrósio durante trabalho realizado em uma Casa Espírita bastante simplória, situada em cidade de pequeno porte, mas que cumpre relevante papel de esclarecer e assistir Espíritos encarnados e desencarnados submetidos às provações pertinentes a um planeta de ordem expiatória como a Terra, onde dores e alegrias se alternam na expurgação gradativa dos débitos morais a que todos nós estamos sujeitos.

Ao me recepcionar na instituição e ter sido colocado a par das razões de minha visita, Ambrósio me contou que está integrado à equipe espiritual daquela pequena Casa praticamente desde a sua fundação, ocorrida há mais de meio século. Disse-me que nas poucas vezes em que se fez visível a alguns médiuns, mostrou-se com a aparência que tivera em sua última experiência na carne, o que provocou interpretações variadas entre aqueles que o viram.

Uns o confundiram com entidades conhecidas dos terreiros de umbanda, razão até para ter sido discriminado por irmãos mais conservadores e que, por motivos lamentavelmente equivocados, encaram tais entidades como Espíritos de menor importância nas reuniões mediúnicas.

— É impressionante como certas pessoas sentem necessidade de intitular tudo o que veem – Ambrósio contou não em tom de mágoa, mas de modo até bem-humorado. — Já fui chamado de muitos nomes e apelidos pelos médiuns que me viram ou perceberam a minha presença.

Então, ele fez uma pausa, buscando lembrar-se dos detalhes de uma passagem e narrou, bem humorado:

— Uma vez, uma senhora que era médium vidente e se deparou comigo durante uma sessão mediúnica, comentou que estava vendo um Preto Velho participar dos trabalhos de cura a um assistido, mas explicou que estava confusa, porque se tratava de um Preto Velho "novo". Indagada sobre a observação que confundira a cabeça dos demais membros da equipe, ela disse: "Ele tem a pele negra e manipula ervas, raízes e sementes, mas não tem barba nem cabelos brancos. É como eu disse: um Preto Velho... Só que é novo".

A maneira jocosa como ele expôs o caso me contagiou e eu não consegui conter uma indiscreta gargalhada que o fez gargalhar também. Depois de algum tempo rindo, ele disse:

— De outra vez, um médium que vivia grande dilema de religiosidade, dividindo seu tempo entre atividades no Centro

Espírita e frequência semanal à igreja católica, me confundiu com São Benedito. Ao chegar em sua residência, a primeira providência que tomou foi acender uma vela para o santo de pele escura, tentando compreender o significado daquela inusitada aparição. Em seus confusos pensamentos, tentava entender se era São Benedito que estava zangado por ele praticar o espiritismo, ou se era o Preto Velho que o advertia por frequentar o catolicismo.

— Não seria melhor pensar que São Benedito e o Preto Velho poderiam estar felizes por ele exercer a sua fé em duas instituições religiosas? – observei sorrindo.

— Sim, seria. Mas o complexo de culpa do rapaz superou qualquer pensamento mais otimista e o fez entrar em desespero, vendo a situação apenas pelo viés negativo, coitado!

Voltamos a rir, descontraídos, e naquele momento eu tive a impressão de que éramos amigos de longa data. O bom humor de Ambrósio me cativou de modo espetacular. Aliás, se eu fosse descrevê-lo em uma única característica, usaria o termo: "bem-humorado".

Se Ambrósio estivesse encarnado, sua idade seria de difícil definição, pois tanto poderíamos lhe atribuir vinte anos, devido à jovialidade de sua aparência, quanto setenta anos ou mais, por sua incrível demonstração de sabedoria.

É de riso fácil e contagiante, mas o mais atraente em sua personalidade é o amor que se projeta de modo natural de tudo o que ele faz e fala. É uma daquelas criaturas que nos conquistam à primeira vista e da qual tudo fazemos para não nos separar.

Sua fala é mansa, seu olhar compassivo e todas as suas atitudes são sempre em favor de alguém ou de algo. Assim, mesmo enquanto conversa, e sem perder em nenhum momento a concentração sobre o que diz e ouve, acaricia os cabelos das crianças que frequentam o Centro Espírita, umedece com fluidos tonificantes as plantas ali existentes, acolhe amorosamente o assistido recém-chegado à Casa, geralmente envolvido por desânimos e maus presságios...

Sua voz só ganhou um leve tom de tristeza quando ele se referiu ao comportamento equivocado de alguns servidores da instituição, por confundirem o papel de servidor com o de juiz, utilizando muitas vezes a confidencialidade de certas situações para condenarem encarnados e desencarnados que recorrem às suas faculdades mediúnicas em busca de auxílio.

— Há pessoas que se sentem superiores por estarem, temporariamente, na condição de assistentes, comprometendo a eficácia de sua tarefa e o benefício que ela própria poderia adquirir como trabalhadora a serviço do bem. O objetivo primordial do atendimento fraterno é a prática da caridade por meio do amor incondicional, levando alívio às dores e projetando luzes sobre a falta de conhecimento espiritual dos que “batem à porta”, esperando que ela se abra – explicou.

E, para deixar bem claro que seu comentário não tinha um objetivo crítico, porém instrutivo, fez questão de complementá-lo:

— Todos esses equívocos ocorrem muito mais por falta de crença do que necessariamente por maldade. Infelizmente, embora pertença ao mundo dos Espíritos, durante o período encarnatório o homem está muito mais atrelado às questões materiais que ofuscam o seu raciocínio. Daí a dificuldade para entender que os valores espirituais e os materiais costumam ser bem distintos. Do lado de cá, no plano do Espírito, o que valem são os atributos da alma, ou seja, aquilo que é cultivado no campo dos sentimentos e não do instinto.

E como eu continuasse a ouvi-lo com atenção, Ambrósio prosseguiu:

— Amigo Basílio, como convencer um dirigente de Centro Espírita que supervalorize as finanças de que uma Casa pobre, mas composta por servidores amorosos e harmônicos contribui mais com a espiritualidade do que uma instituição rica e bem administrada, mas que conte apenas com trabalhadores vaidosos, egoístas, apegados a cargos e funções? Ou seja, despreparados para praticarem a verdadeira caridade? Do ponto de vista material, a instituição rica e suntuosa será a mais eficiente, mas segundo os valores espirituais, a primeira será bem mais atuante.

Enquanto ouvia as ponderações de meu novo amigo, fiquei pensando em como é gratificante a tarefa que abracei, de levar esclarecimento às pessoas por meio da escrita. Por mais que os leitores se sintam recompensados ao lerem uma obra de nossa safra – fato que muito nos honra e incentiva –, seremos sempre, eu e o autor material, os primeiros a receber a luz dessas verdades; lições tão singelas, mas que só chegam ao alcance de nossa compreensão quando alguém com uma visão mais panorâmica nos diz: "Deste modo, as coisas estão corretas; daquele modo, estão equivocadas".

Ocorre muitas vezes que, justamente por estarmos envolvidos demais com uma questão, nós acabamos perdendo o senso de direção e não sabemos mais como conduzi-la. Daí a necessidade de ouvir e avaliar opiniões externas e, se for comprovado que estamos nos equivocando, ter a humildade de acatar sugestões e redirecionar os nossos passos.

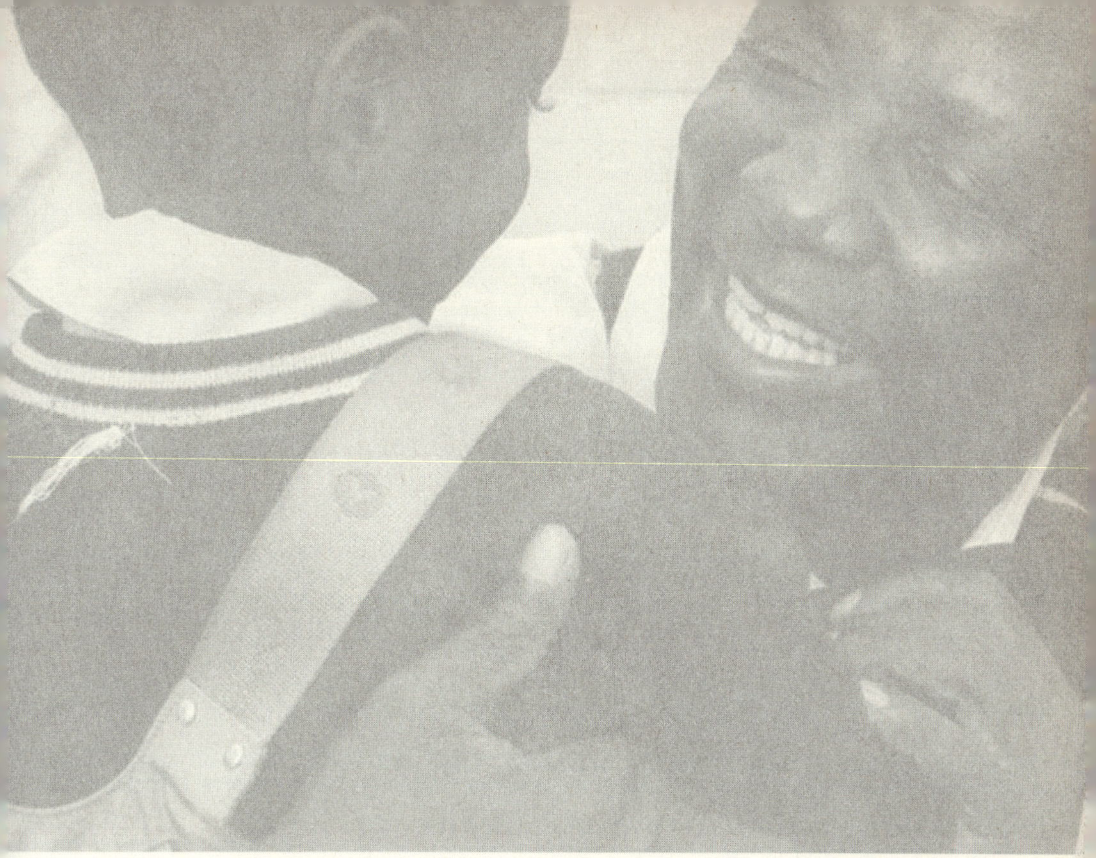

Capítulo 3

O escravo reprodutor

"No vosso mundo, tendes necessidade do mal para sentir o bem, da noite para admirar a luz, da doença para apreciar a saúde."

E.S.E – cap. 3 – item 11

Nos intervalos dos trabalhos, eu e Ambrósio continuávamos nos encontrando à sombra daquela árvore para conversarmos, contemplando a belíssima paisagem que jamais se modificava. Assim, ele seguiu narrando detalhes de sua vida e, aos poucos, fui percebendo que um dos motivos de ter sido atraído para aquela Casa era o de registrar a experiência de vida daquele homem.

Desse modo, com a ideia de escrever sobre ele amadurecendo cada vez mais, fui incentivando-o a descrever suas lembranças. À medida que Ambrósio falava, eu registrava suas memórias e as armazenava em meu campo mental, com o objetivo de levá-la a lume quando surgisse a oportunidade.

✦ ✦ ✦

À medida que Ambrósio crescia na senzala daquela fazenda, passou a observar um detalhe que o intrigou. Ele percebeu que ali a relação parental ocorria apenas entre mães e filhos. Um dia, curioso, perguntou a Anacleta quem era seu pai e quem eram os pais das outras crianças com quem conviviam. Ela se mostrou surpresa com a pergunta e respondeu com outra, indagando como é que ele sabia que precisava de um pai para uma criança nascer.

Ele explicou que foi reparando no comportamento dos bichos. Ambrósio era uma criança observadora demais para quem havia nascido em condições tão desfavoráveis e isso já havia sido motivo de reprimendas por parte de sua mãe e de alguns adultos. Muitos achavam que ele fazia perguntas que não condiziam com a sua pouca idade e com a condição de alguém que nasceu para viver sob as rédeas de um dono, sem liberdade de ação e expressão.

Em muitas vezes, no lugar da resposta esperada, o que vinham eram sermões e advertências: "Quem muito pergunta, acaba ouvindo o que não quer"; ou "Isso é assunto de gente grande"... E terminava sempre assim: "Vai brincar, menino, que você faz coisa melhor".

Essas frases eram repetidas constantemente nos ouvidos de Ambrósio, mas, ao contrário do que pretendiam, as pessoas acabavam com isso instigando ainda mais a vontade que ele tinha de compreender aqueles segredos sempre reservados aos mais velhos.

Como a mãe permanecesse em silêncio depois daquele início de conversa, o menino começou a detalhar as observações que fizera a respeito do nascimento dos bichos:

— Mãe, eu já notei que, para nascer, o bezerrinho precisa do boi e da vaca, o potrinho precisa do cavalo e da égua, o cachorrinho precisa...

— Está bem! – a mulher o interrompeu, mais por constrangimento do que por irritação. — Você tem razão, meu filho. Para nascer uma criança é necessária a ação de um homem e de uma mulher. Mas isso aí de ter pai e mãe só funciona para os brancos.

O menino a encarou bastante confuso e curioso.

— Ué! E por que com os pretos é diferente?

A genitora balançou a cabeça e quase riu ao tentar explicar.

— Não é isso. É que o homem que ajuda a mulher negra a ter filho não é pai da criança, entendeu? Ele apenas auxilia... Faz a parte dele... Depois vai embora.

Ambrósio ficou pensativo e fingiu haver entendido apenas para livrar a mãe daquele diálogo que se tornava cada vez mais constrangedor. Para ele, a única coisa que ficou realmente clara foi que não tinha pai.

✦ ✦ ✦

Entretanto, em um domingo, ao fim da tarde, apareceu na senzala um preto bastante forte, grandalhão e simpático, mas que revelava mais tristeza do que alegria em seu sorriso. Esteve com Anacleta por um tempo, em uma tapera abandonada próximo à senzala. Depois os dois foram juntos encontrar Ambrósio embaixo de um bambuzal onde ele costumava brincar com outros meninos de idades aproximadas, transformando pedregulhos e pedaços de bambu seco em todo o tipo de brinquedo que se possa imaginar.

Os dois se aproximaram e o menino viu quando a mãe o apontou e disse:

— É aquele ali. O mais comprido dos quatro. Seu nome é Ambrósio.

O homenzarrão riu gostosamente. Deu um assovio e chamou:

— Ambrósio, venha cá!

O menino levantou-se limpando o nariz com a dobra do braço e o olhou desconfiado. Notando sua indecisão, Anacleta interferiu:

— Venha cá, meu filho. Esse moço quer conhecer você.

Ambrósio se aproximou bem devagar, olhando-o com desconfiança e cautela. O homem ficou de cócoras e abriu os braços musculosos.

— Deixe de ser medroso. Dê-me cá um abraço, rapaz!

O menino achegou-se ainda mais e deixou-se abraçar. Teve uma sensação estranha naquele momento. Não necessariamente ruim, nem boa... Apenas estranha.

Notando seu desconforto, a mãe disse sorrindo:

— Ambrósio, este é o Jovino. Você não precisa ter medo dele.

Jovino apertou o menino um pouco mais forte e ele se sentiu confortado. Então compreendeu que a sensação que experimentava enleado naqueles braços fortes era de segurança. Mas teve a impressão de que o corpo daquele homenzarrão estremecia, como se ele fizesse um esforço imenso para não chorar.

Ambrósio achou aquilo muito estranho. Onde já se viu, um homem daquele tamanho ameaçando cair no pranto? Não. Ele devia estar enganado. Quis retribuir àquele gesto carinhoso, mas lhe faltou coragem. Então se limitou a ficar quieto olhando para a genitora, que retribuía contemplando-os com um olhar cheio de ternura.

Foram breves segundos de caloroso aconchego, até que Jovino se ergueu enxugando o canto dos olhos com os polegares e se afastou apressado. Acenou para Anacleta, montou no cavalo e rumou em direção oposta à fazenda. O mais incrível é que, apesar de sua sagacidade e esperteza, em nenhum momento Ambrósio desconfiou que aquele homem fosse seu pai.

✦ ✦ ✦

Jovino era escravo reprodutor. Tinha fama de só reproduzir rebentos fortes e saudáveis; machos em sua grande maioria. Por isso, sua presença era muito requisitada nas fazendas da região. Ele pertencia a um rico fazendeiro e era alugado para engravidar escravas.

Por haver conquistado a confiança de seu dono e cumprir fielmente suas incumbências – após as quais sempre retornava abnegadamente ao cativeiro –, angariou alguns privilégios, dentre eles o de se locomover em um cavalo baio, para qualquer lugar onde houvesse necessidade de seus préstimos, sem a presença de feitores a lhe sondarem os passos.

Era um homem quase livre, embora submetido a algumas regras bastante rigorosas que, se descumpridas, seriam cobradas com castigos dolorosos como o açoitamento e o flagelo em instrumentos de tortura.

Uma das imposições mais severas era a de só ter relações com escravas que não estivessem grávidas e, ainda assim, somente com as que fossem apontadas por seus donos. Encostar um dedo ou até mesmo lançar um olhar mais atrevido a qualquer outra mulher – escrava ou não – representava um risco que não valia a pena correr, pois, dependendo da gravidade da indisciplina, a sentença poderia chegar ao enforcamento.

O que Ambrósio ainda não sabia àquela altura de sua vida é que estava fadado a ser o sucessor de Jovino. Anacleta fora escolhida a dedo, levando em conta sua compleição física e até mesmo a natureza pacífica que possuía. Para os fazendeiros, escravo perfeito era o que conseguia aliar força e submissão, quase nada valendo os cativos fortes, mas que vivessem arquitetando rebeliões e, menos ainda, os que apesar de obedientes e conformados não tivessem saúde e disposição para enfrentar as duras lidas da lavoura, numa época em que praticamente todas as tarefas dependiam de esforço físico.

Seu dono havia apostado alto no resultado daquele "cruzamento". Mais tarde Ambrósio tomaria conhecimento de que o fazendeiro ficara bastante satisfeito ao notar em sua compleição traços bem semelhantes à estrutura física de Jovino e a postura submissa e pacífica de Anacleta. Daí a quase certeza de que ele poderia de fato se tornar um reprodutor tão valorizado quanto seu progenitor.

Capítulo 4
Não há anjos entre nós

"Eu vos disse recentemente, meus queridos filhos, que a caridade sem a fé não seria suficiente para manter entre os homens uma ordem social de fazê-los felizes. Devia ter dito que a caridade é impossível sem a fé."

E.S.E – cap. 11 – item 13

Para ilustrar o que havia falado sobre os desleixos cometidos por alguns servidores nas tarefas mediúnicas, Ambrósio me levou à pequena sala em que os primeiros médiuns chegavam para os trabalhos daquela noite. Dois homens e uma mulher estavam reunidos, aguardando a chegada de mais quatro ou cinco servidores, além de Dirceu, que era o presidente do Centro e que dirigia também aquela reunião.

Enquanto aguardavam, os três conversavam amenidades:

— Ainda bem que o tempo firmou – disse a mulher, que deveria ter em torno de cinquenta anos. — Eu não aguentava mais dormir e acordar com chuva sobre a cabeça. Quintal enlameado, roupa que não secava no varal, casa fedendo a mofo...

— É, dona Claudete, mas pelo que estão dizendo na TV, o sol não vai durar muito tempo, não. Tem outra frente fria se aproximando com muita chuva a caminho – respondeu o mais jovem do grupo, um rapaz com pouco mais de trinta anos.

O outro médium ali presente, um senhor sexagenário, raspou a garganta e disse com um tom de voz um pouco agressivo:

— E você, João Carlos, ainda acredita no que esse povo da televisão fala? Lá em casa eu proibi todo mundo de ver televisão, principalmente aquele canal horroroso, que só mostra novelas indecentes, incentivando todo o tipo de safadezas: mulher namorando mulher, homens se beijando na boca, marido e esposa se traindo como se fosse a coisa mais natural do mundo, filhos dando ordens aos pais...

— Ah, mas que exagero, seu Armando – discordou o jovem. — Tem muita coisa aproveitável na televisão...

— Eu também não vejo quase nada de positivo nesses programas de TV – interrompeu a mulher. — Seu Armando tem toda razão. Lá em casa eu só vejo as notícias e os filmes antigos, de quando ainda havia decência nas histórias. Quando não tem isso, prefiro dormir ou ler um livrinho. Hoje em dia em tudo eles inventam sexo. Dá até vergonha de ver certas cenas.

— Mas esse povo moderninho não liga – disse o mais velho do grupo, lançando um olhar enviesado para o rapaz. — A gente é que tem de sair de perto, porque até as crianças acham normal ver os personagens se esfregando descaradamente, na maior sem-vergonhice. Não! – exclamou movimentando o dedo indicador à imitação de um limpador de para-brisas. — Na minha casa ninguém vê esse tipo de coisa na televisão. O controle remoto fica na minha mão. Sou eu que escolho o que se pode assistir e o que deve ser descartado.

O rapaz ficou irritadíssimo com o olhar de afronta que Armando lançou em sua direção e retribuiu a provocação no mesmo tom de voz:

— Pelo jeito, o tempo da ditadura militar ainda prevalece em sua casa, hein?! Morro de pena da sua família...

— Ditadura? – o homem o interrompeu quase gritando. — Pena da minha família? Desde quando bons modos e respeito mudaram de nome? Já vi que na sua casa deve ser uma bandalheira só e...

Tanto o rapaz quanto a mulher se manifestaram para falar. Cada qual queria expor o seu ponto de vista, mas nesse momento o dirigente e os demais médiuns entraram na sala e a conversa foi silenciada. Entretanto, João Carlos e Armando estavam completamente excitados pela discussão. Nocivas projeções de raiva e despeito mantinham-nos ligados por densas energias.

Claudete também estava psicologicamente abalada. Além de ter frustrado o desejo de expor sua opinião sobre o assunto, pensava no que fazer com a pilha de roupas sujas e úmidas que se avolumavam em sua lavanderia, já que, segundo acabara de ser informada, nova sequência de dias chuvosos e frios estava a caminho.

"Por que diabos nós temos de conviver com esse dilúvio insuportável?", perguntava-se mentalmente, praguejando a chuva e maldizendo todos os contratempos que ela provoca.

✦ ✦ ✦

Deixando o grupo que iniciava os preparativos para as tarefas da noite, Ambrósio me conduziu discretamente à sala de assistência existente na dimensão espiritual daquela instituição.

Fiquei admirado com o tamanho do ambiente e a grande quantidade de Espíritos enfermos que se encontravam enfileirados, alguns deitados em macas, outros se equilibrando como podiam para se manter em pé. Porém, todos eles, sem exceção, apresentavam todo o tipo de deficiência que se possa imaginar: ulcerações pútridas pelo corpo, amputações, distúrbios mentais, apatias profundas...

Vários trabalhadores desencarnados, semelhantes à equipe plantonista de um pronto-socorro, procuravam acudir todos os pacientes, tratando-os com comovente amparo fraternal, limpando feridas, acalmando-os com palavras confortadoras e preparando-os para receberem os fluidos magnéticos que seriam doados pelos servidores encarnados.

Apontando para alguns daqueles enfermos que estavam bastante agitados, Ambrósio me disse:

— Minutos atrás, todos estavam calmos, aguardando o concurso dos médiuns para o atendimento. Porém as energias negativas oriundas da discussão travada no campo físico incidiram sobre o psiquismo desregulado desses irmãos enfermos e ampliaram os seus desequilíbrios. Por isso estão assim tão descontrolados.

E, antes que eu dissesse qualquer coisa, prosseguiu:

— Se os servidores de uma Casa Espírita, mesmo daquelas bem pequeninas no plano material, pudessem ver a ampliada dimensão e o desdobramento de suas atitudes no plano espiritual, certamente teriam muito mais cuidados com o que pensam, dizem e sentem neste sagrado recinto. Do lado de cá, a hipocrisia não funciona, a falsidade não tem vez e as más vibrações geradas e projetadas por sentimentos inferiores é repasto para entidades perturbadoras que tentam a todo custo destruir a harmonia no ambiente.

Deu um profundo suspiro e arrematou:

— Somente o amor incondicional, meu amigo, somente o desejo sincero de servir ao próximo e a pureza de sentimentos geram os fluidos salutares que, transformados em medicamento espiritual, abrandarão sofrimentos e darão às atividades do servidor a necessária legitimidade.

Mais uma vez fiquei pensando sobre tudo aquilo. Será que os três médiuns que haviam promovido aquela discussão sem lógica, alimentando e gerando fluidos tão nocivos ao ambiente delicado em que se encontravam, teriam a mesma postura se soubessem da gravidade do que acabaram de promover?

Afinal, estavam exercendo uma tarefa voluntária, sem fins lucrativos. Todos eles tinham deixado os seus lares, onde poderiam desfrutar momentos de lazer ou realizar tarefas domésticas, como a lavagem das roupas de Claudete que, segundo dissera, estavam a exigir atenção.

Percebendo as minhas silenciosas ponderações, Ambrósio disse esboçando um sorriso triste:

— Infelizmente, meu amigo, nem todos os médiuns acreditam na importância de suas atividades. Muitos as realizam sem a menor convicção daquilo que estão fazendo.

— E por que as fazem? – perguntei.

— Não há uma resposta exclusiva para essa pergunta. Sabe-se lá o que se passa no coração das pessoas? Umas, devem fazê-lo por medo de que a mediunidade não exercida vire doença e as coloquem em um hospital ou sanatório. Outras, pela vaidade de se sentirem ilusoriamente poderosas e importantes em sua condição de médiuns, aspiram altos voos espirituais que jamais alcançarão enquanto agirem desse modo. E, algumas, apenas para ocuparem o tempo com algo em que vislumbram certa utilidade, ou ainda, para tentarem aliviar a consciência por maus atos praticados no passado.

Ambrósio fez uma pausa, preocupado, e retomou a dissertação, impondo à voz um tom grave e pesaroso, embora suavizado por seu bonísssimo coração:

— Apenas uma pequena parcela desses servidores tem plena certeza da importância de seus afazeres e os realizam desinteressadamente, com convicção e boa vontade, colocando o amor incondicional à frente de tudo, servindo com a humildade e a abnegação próprias dos verdadeiros discípulos de Jesus.

Movimentei a cabeça concordando com tais observações e ele prosseguiu, depois de bater levemente em minhas costas:

— A mediunidade em si, amigo Basílio, não nos protege das fraquezas íntimas que nos escravizam a alma. A faculdade mediúnica é ferramenta a ser utilizada em favor do próximo e não de nós mesmos. O que possibilita a evolução moral do homem é o despertamento consciencial sobre o seu papel no Universo e, principalmente, a sua capacidade de amar de modo incondicional, como convém a um verdadeiro cristão. Mais ainda; o equilíbrio emocional, que permitirá à pessoa descortinar o universo desse amor, passa inevitavelmente pelo autoamor.

Como eu o olhasse com alguma dúvida sobre suas palavras finais, Ambrósio explicou:

— O mesmo amor incondicional que devemos dedicar ao próximo deve ser aplicado a nós mesmos. Complexos de culpa, provocados por escolhas equivocadas, costumam gerar autopunições psicológicas que afetam sobremodo o equilíbrio emocional de quem habita um plano destinado a seres imperfeitos, detentores de tantos "aleijões" morais. O problema é que, por não aceitarmos as nossas limitações, deixamos de aceitar também as limitações do próximo e nos tornamos severos juízes das mais diversas causas, esquecidos de que quando Jesus disse para amarmos o criminoso, estava se referindo a todos nós, habitantes de um orbe penitenciário, uma vez que todos que aqui aportam são devedores com grandes possibilidades de reincidência em seus crimes. Portanto, amar o criminoso significa amar também a nós mesmos, apesar dos equívocos que nos pesam na consciência.

— Não há anjos entre nós... – observei pensativo.

— Só se aqui estiverem na condição de missionários – Ambrósio, bem-humorado, completou meu raciocínio. — Mas são bem raros os Espíritos missionários que reencarnam num mundo de expiações. A imensa maioria de nós precisa da experiência em um plano que é ao mesmo tempo escola, hospital e penitenciária, como os autores espirituais da obra codificada por Allan Kardec afirmaram ser o planeta Terra.

Completando seu ponto de vista, meu amigo fez um sinal para que eu o acompanhasse, o que fiz de imediato.

Capítulo 5
Os ramos e as raízes

"A mediunidade não implica necessariamente as relações habituais com os Espíritos superiores. É simplesmente uma aptidão, para servir de instrumento, mais ou menos dócil, aos Espíritos em geral."

E.S.E – cap. 24 – item 12

Retornamos à sala onde o grupo de médiuns continuava se preparando para iniciar as tarefas daquela noite, quando Ambrósio, enigmático, filosofou:

— Não podemos nos esquecer de que o "homem novo" que tentamos construir em nós tem por base o "homem velho", ainda tão sujeito a viciações e más inclinações cultivadas nele por tanto tempo. Não há como apartar o nosso "eu de ontem" do que somos hoje. A única opção é conviver com ele, aprendendo com os erros cometidos e fortalecendo a nossa determinação em evoluir e nos elevarmos moralmente.

Fez um breve silêncio, como se pretendesse aumentar minha expectativa sobre a explicação que viria a seguir, e completou:

— Em busca de crescimento, o Espírito em estágio de expiação pode ser comparado a uma árvore cujas folhas estão renovadas na copa, mas que é sustentada pela antiga raiz. A verdadeira transformação moral ocorrerá somente quando nossos ramos e raízes estiverem devidamente ajustados.

E, para ilustrar o que dizia, já que eu ainda titubeava em compreender-lhe com clareza o significado, explicou:

— Claudete, Armando e João Carlos, Espíritos hoje encarnados, dividindo tarefas fraternais na Casa Espírita, trazem muitos desequilíbrios psíquicos e dívidas morais, assim como a imensa maioria da população reencarnada no planeta Terra. Para esclarecer o seu entendimento e oferecer material à sua pesquisa, que julgo séria, discreta e edificante, faremos uma incursão ao campo mental de cada um deles para verificar como andam suas vibrações.

Todos os médiuns se encontravam em profundo silêncio, parecendo concentrados na prece que o dirigente fazia antes de dar início aos trabalhos daquela noite. Ambrósio me convidou para nos aproximarmos deles e me instruiu para concentrar a atenção em suas faixas vibratórias, a fim de visualizar as formas-pensamento criadas por cada um.

Confesso que não foi uma tarefa muito fácil e, certamente, só o consegui com a ajuda do querido amigo que tanto se empenhou em auxiliar-me.

Primeiramente foram mostradas as formas-pensamento do dirigente da reunião e dos demais membros. Propositalmente, Ambrósio deixou os três médiuns que haviam discutido antes do início dos trabalhos para serem observados por último. E os servidores que observamos até àquele momento estavam realmente concentrados na oração. De seus campos mentais, pudemos notar projeções de paz, amor fraternal e desejo de servir. Seus pensamentos formavam imagens suaves de belas paisagens, pessoas em atitudes caridosas e, principalmente, da face meiga e amorosa de Jesus como cada um a concebia.

Ficou claro para mim que todos aqueles servidores estavam em perfeita sintonia com as edificantes palavras proferidas pelo dirigente, em tom de gratidão e súplica para que as tarefas de socorro espiritual daquela noite recebessem amparo e proteção.

Porém, ao me aproximar de Claudete, observei que as imagens projetadas de sua mente destoavam em muito das que eram emitidas pelos médiuns verificados até ali. De seu campo mental vertiam imagens desfocadas de lugares sombrios, misturadas aos semblantes tensos de um homem, uma mulher e uma criança.

Ao criar mentalmente essas imagens, a mulher emitia sentimentos bastante negativos, que rechaçavam a prece proferida pelo dirigente da reunião. Era como se ela estivesse fechada em uma redoma, onde as energias salutares do ambiente não encontrassem acesso.

Deixando nossa irmã trancafiada em suas íntimas cismas, aproximamo-nos de Armando e, mais uma vez, ficou claro que as imagens criadas por seus pensamentos eram também inconciliáveis com as vibrações de amor incondicional projetadas pela maioria dos servidores ali presentes.

Nelas, silhuetas sombrias de homens desfilavam enfileiradas por um longo e escuro corredor, formando uma interminável procissão. Ao passar por determinado ponto daquele corredor, cada um deles parava e olhava fixamente para Armando, lançando-lhe um olhar de ódio e profundo desprezo. A cada vez que era encarado, o médium sentia um arrepio involuntário e o coração disparava, provocando-lhe inevitável taquicardia.

Também ali, naquele universo íntimo de Armando, as projeções de luz emitidas pela prece do dirigente não encontravam guarida, já que ele, apesar de estar aparentemente envolto pela vibração daquelas palavras, mantinha-se muito distante da harmoniosa atmosfera criada no ambiente.

Eu estava ainda intrigado com aquele interminável desfile de homens e com os olhares odiosos que eram lançados a Armando, quando Ambrósio me convidou para nos aproximarmos de João Carlos. Do mesmo modo que os outros, o rapaz encontrava-se absorto em pensamentos aparentemente nobres, enleado aos eflúvios salutares da prece, porém sua realidade era também contrária ao que sugeria a aparência.

Os pensamentos de João Carlos criavam formas extravagantes de mulheres e homens desnudos, participando de uma espécie de ritual orgíaco. Seus semblantes demonstravam desequilíbrio e alternância de sentimentos em que se podiam perceber prazer, enfado, revolta e nojo.

Enquanto essas imagens desfilavam pelo campo mental do rapaz, ele parecia lutar desesperadamente para evitá-las, mas sua luta era inglória. João Carlos, à semelhança de Claudete e

Armando, parecia dominado por portentosos tentáculos fluídicos que o mantinham encarcerado no ambiente infestado por suas próprias criações psíquicas.

A impressão que tive foi a de que, embora estivessem fisicamente presentes àquela reunião de amparo aos necessitados, os três servidores que aqui destacamos encontravam-se ausentes em virtudes espirituais, ou seja, em nobres sentimentos. A prece de preparação, invocando o amparo do mais alto para as tarefas que seriam desempenhadas naquela noite, não fora absorvida por nenhum deles, já que não houve abertura para que isso ocorresse.

Assim, quando os trabalhos se iniciaram, Claudete, Armando e João Carlos encontravam-se tão desequilibrados quanto os Espíritos enfermos que para ali foram conduzidos para assistência. Fiquei imaginando se suas presenças àquele trabalho teriam alguma utilidade, ao que Ambrósio, demonstrando ter captado minha dúvida, explicou:

— Nos trabalhos de assistência espiritual, sempre haverá aproveitamento das doações fluídicas, desde as mais sutis até as mais grosseiras, pois em termos de projeções voluntárias, quase nada se perde. Em um plano de vida expiatório como a Terra, ocorrem todos os tipos de desencarnações violentas, gerando graves deformações perispirituais que necessitam urgentes reparos. Para essas reparações emergenciais até os fluidos mais "grotescos" têm utilidade. Portanto, só o fato de se voluntariarem aos trabalhos já os torna aptos a doarem. O Centro Espírita é ao mesmo tempo hospital e escola e nós que aqui atuamos somos ao mesmo tempo professor e aluno, médico e paciente, com cada uma dessas funções ocupando em nós o espaço compatível com a nossa capacidade de doar e receber.

Olhei para Ambrósio e, antes que formulasse a próxima pergunta, ele prosseguiu:

— Entretanto, meu amigo, é imprescindível que o médium se conscientize da necessidade de se melhorar a cada dia na condição de servidor, ou seja, que aprimore a qualidade moral de suas doações. Ora, os fluidos utilizados pela espiritualidade para curar e equilibrar os necessitados se projetam da constituição física, mental e perispiritual do doador. Então, é óbvio que se esses fluidos estiverem contaminados pelas enfermidades físicas ou morais de quem os projeta, o material doado terá limitação de uso. Para serem bem aproveitados, os fluidos devem estar impregnados de bons sentimentos, desejo sincero de servir e amor incondicional. Infelizmente, não é o que ocorre com esses nossos irmãos, pelo menos neste momento.

Perguntei qual a utilidade de os três estarem ali e Ambrósio, sempre com seu tom de voz suave e elucidativo, respondeu:

— A misericórdia divina é infinita, amigo Basílio! Por que Deus haveria de conceder socorro apenas aos enfermos que habitam o plano espiritual? Por acaso, os Espíritos encarnados não são tão necessitados quanto os que se encontram do lado de cá? Afinal, as deficiências morais que geram o sofrimento e a necessidade de socorro são atributos do Espírito e não da matéria; o corpo carnal é só o instrumento no qual as más inclinações se manifestam.

Então ele apontou na direção dos três médiuns que havíamos observado mais acuradamente e disse:

— Olhe com atenção e veja o que está acontecendo.

Fixei meu olhar e vi que Claudete, Armando e João Carlos recebiam os mesmos fluidos regeneradores doados pelos outros médiuns presentes ao trabalho e que eram usados no tratamento dos desencarnados.

Para facilitar o processo de absorção fluídica, os três haviam sido projetados de seus instrumentos corpóreos e a constituição semimaterial de seus perispíritos se mantinha afastada cerca de meio metro de seus corpos carnais.

Claudete, Armando e João Carlos estavam de olhos fechados, imóveis e semiconscientes. Na verdade, recebiam os benefícios que julgavam doar e, aos poucos, submetidos à assistência espiritual, readquiriam parte do equilíbrio, apaziguavam-se e conseguiam se libertar por algum tempo do ciclo de perturbações mentais que os assediava.

— Eles apenas estão em posição contrária – disse Ambrósio. — Julgam-se capazes de doar fluidos curativos, mas, nesse instante, estão tão enfermos que não podem fazê-lo.

— E se, visando oferecer melhor qualidade às atividades mediúnicas, o dirigente os impedissem de participar dos trabalhos? – perguntei por intuição.

Ambrósio lançou-me um olhar compassivo e explicou:

— Sim, o Dirceu poderia impedi-los de participar dos trabalhos, mas estaria agindo certo? Se ele nada fez nesse sentido foi porque ou recebeu orientação espiritual para manter os três médiuns desequilibrados na equipe, ou porque a espiritualidade achou desnecessário preveni-lo sobre essas ocorrências, justamente para evitar uma tomada de postura que poderia contrariar o que foi planejado.

— E o que poderia ter sido planejado? – perguntei mais para confirmar o que já suspeitava.

— Pode ter sido planejado que os nossos irmãos enfermos recebam a assistência necessária – respondeu Ambrósio. — Se eles forem afastados das atividades, há uma grande possibilidade de que se afastem também da Casa Espírita e percam a oportunidade de se tratarem. Acredite, meu amigo, a providência divina é bem mais indulgente com as nossas fraquezas do que podemos supor. Aliás, se não fosse assim, todos nós estaríamos perdidos.

A verdade contida nessas palavras me fez baixar a cabeça e refletir sobre minhas indagações. Quantas vezes eu precisei e ainda precisarei da indulgência de Deus para com as minhas faltas?

Naturalmente, a necessidade de fazer tantas perguntas se deve ao fato de eu precisar de esclarecimento sobre todos os pormenores da história para repassá-la com riqueza de detalhes ao autor material, facilitando-lhe também o entendimento para que a mensagem seja transcrita e chegue aos leitores com a maior clareza possível, além de servir de alerta também para nós autores.

Porém, a perspicaz resposta de Ambrósio me fez pensar se meus últimos questionamentos não estariam revelando em mim o lado negativo do servidor que julga em vez de servir, como ele prevenira no início de nossa conversa.

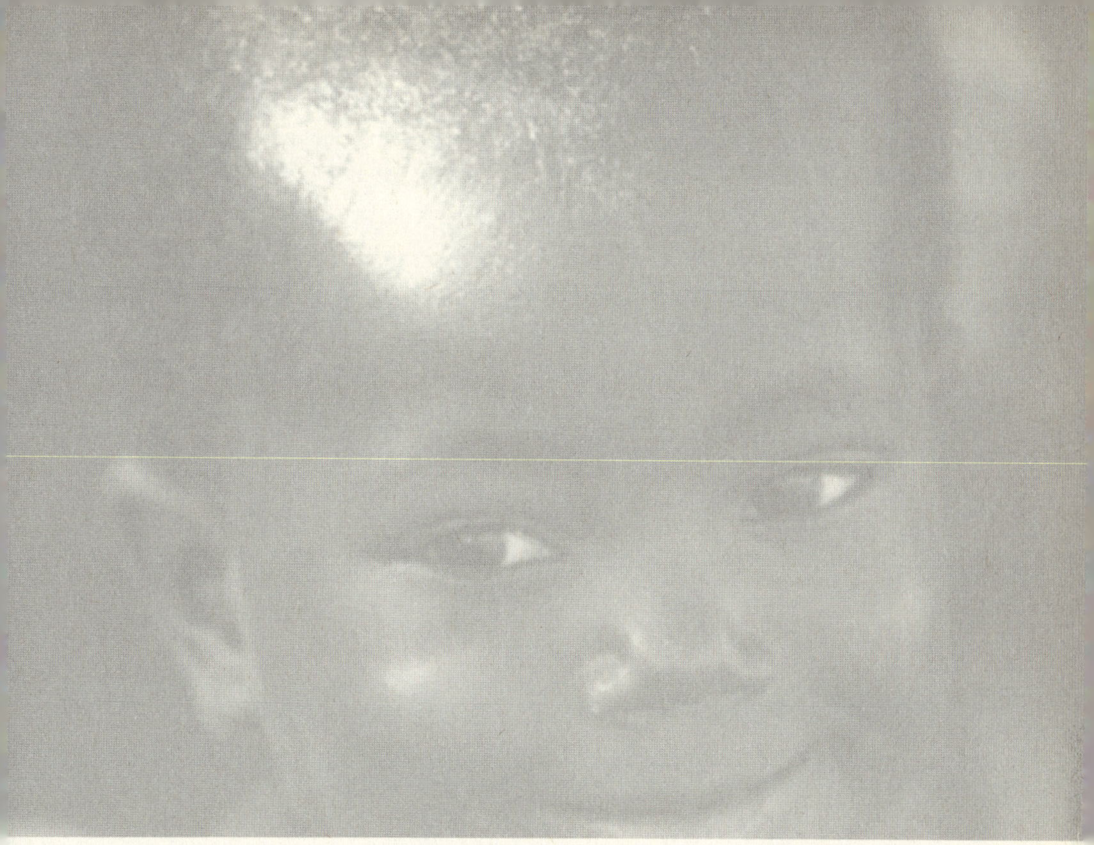

Capítulo 6

Presságios e acidente

"Como desencarnados, quando vagáveis no espaço, escolhestes as vossas provas, porque vos consideráveis bastantes fortes para suportá-la."

E.S.E – cap. 5 – item 19

Ambrósio continuava narrando as reminiscências de seu passado, pois já havia percebido o meu interesse em escrever sua história, embora não houvéssemos conversado abertamente sobre isso. Ele tinha experiência suficiente para saber que nenhum encontro se dá por acaso; se aquilo estava acontecendo era porque havia importantes razões para que ocorresse.

Ele passou os anos iniciais de sua vida sem se aproximar da casa-grande da fazenda. Avistava-a de longe, com seus paredões brancos, sua infinidade de janelas voltadas para o sol nascente, seu telhado escuro... Era rodeada de árvores frutíferas, principalmente laranjeiras que se vestiam de branco em época de floração, e de amarelo, por ocasião das frutas.

Porém, Ambrósio não tinha a menor curiosidade de vê-la de perto. Apesar da suntuosidade de sua gigantesca estrutura, tão diferente da senzala miserável onde ele vivia, o halo aterrador de um mau presságio invadia-lhe a alma sempre que seu olhar se demorava naquela direção. Na senzala, sob a tutela da mãe amorosa e de seus iguais, ele se sentia em segurança.

Lembrava-se de quase não haver tido, em sua infância, contato com pessoas brancas. Sabia que todos os familiares de seu dono tinham a pele clara porque ouvia esses comentários, mas ainda não se deparara com nenhum deles, a não ser com o próprio fazendeiro; um homenzinho miúdo, de semblante severo, olhos claros, barbas e cabelos lisos e alvos, que nunca se dirigia aos escravos. Ele sempre incumbia aos empregados da fazenda a tarefa de transmitir os recados que julgasse necessários.

Aquele homem, que diziam ser originário de um distante país europeu, onde se falava uma língua complicada, parecia não entender o que os escravos diziam. Mas, na verdade, ninguém estava preocupado com aquele detalhe. O que importava para os negros era ter um mínimo de regalia que abrandasse a rotina brutal a que eram submetidos. Que lhes fosse concedido algum descanso entre uma tarefa e outra e permitido, de vez em quando, a prática de atividades de lazer e cultos espirituais, manifestados principalmente por cantorias e danças realizadas ao som de atabaques.

Quanto a esse tipo de concessão, considerando o histórico de intolerância e repressão exercido por outros donos de escravos, os que ali viviam não tinham do que se queixar.

As visitas do fazendeiro à senzala eram muito escassas e quase sempre apressadas. De modo geral, a distribuição de tarefas e a aplicação de castigos eram realizadas pelos feitores –

homens de traços fisionômicos semelhantes aos dos escravos e de pele quase tão escura quanto à deles, mas que, por razões ignoradas por Ambrósio, exerciam grande autoridade sobre eles e tinham autonomia para fazer o que julgassem conveniente.

✦ ✦ ✦

Com o passar dos anos, houve uma modificação na estrutura familiar do fazendeiro. Sua filha única, chamada Izabel, casou-se com um jovem descendente de portugueses. Esse moço, de nome Antonino, foi morar na fazenda com o intuito de dar continuidade aos trabalhos do sogro, que era viúvo e começava a sentir sobre os ombros o peso da velhice, acentuada por grave doença que passou a mantê-lo acamado e o distanciou das inumeráveis atividades cotidianas.

Diferentemente do sogro, que mantinha uma relação distante e fria com os escravos, Antonino, mal tendo se instalado ali, fez questão não só de se aproximar, mas de conhecer um por um; do mais velho à mais tenra criança, cumprimentando-os e perguntando seus nomes. Para isso, convocara uma reunião no terreiro da senzala e, dentre outras coisas, disse o seguinte:

— Conheço a forma como meu sogro os trata e acho-a bastante justa. Sei que aqui escravo doente é poupado do trabalho até que recupere a saúde. Mãe de filho pequeno trabalha menos, para dedicar tempo à cria. Meninos de corpos ainda não formados podem usar seu tempo apenas para brincar. Alimentação não lhes falta, desde que aquilo que produzam seja suficiente para as nossas necessidades e as de vocês. Porém, lhes afirmo que todas essas benesses serão oferecidas apenas aos escravos trabalhadores e obedientes. Se já havia castigo para desordeiros e preguiçosos, garanto-lhes que a partir de agora, com a fazenda sob o meu comando, as punições serão muito mais severas.

Ergueu um pouco mais seu corpanzil um tanto obeso e, secando a testa suarenta com um lenço rendado, aumentou o tom de voz:

— Espero que vocês tenham entendido as minhas orientações, que foram claras e objetivas. Quem se comportar de acordo com as regras, continua tendo as regalias de sempre e que podem até ser ampliadas. Em contrapartida, os que agirem contrariamente receberão punições ainda mais severas do que as que hoje lhes são aplicadas.

E as palavras do novo dono devem ter provocado alguma preocupação entre os escravos, pois durante um bom tempo nenhum ato de rebeldia, preguiça ou tentativa de fuga foi registrado entre eles.

✦ ✦ ✦

O tempo foi passando lentamente naquele rincão, sem que qualquer novidade quebrantasse a rotina. Mas Ambrósio notou que as visitas de Jovino se amiudavam e, cada vez mais, ele e Anacleta se mostravam apegados um ao outro. Estava claro que aqueles encontros eram sigilosos, pois os dois estavam sempre apreensivos e pediam que nada fosse dito sobre aquilo. Em parte por consideração à mãe de Ambrósio, que tratava todo mundo com respeito e dignidade, em parte por temor ao grandalhão Jovino, todos se mantinham reservados e aquelas visitas nunca chegaram ao conhecimento dos moradores da casa-grande.

Quando Ambrósio estava mais crescido, Tonico, um rapazinho pequenino e lépido, um ano mais velho do que ele, inventou uma interessante brincadeira. O desafio era escalar um enorme jacarandá, com a maior rapidez possível. Quem chegasse aos galhos mais altos em menos tempo era aclamado vencedor da disputa.

Depois da invenção, os meninos não tinham outro divertimento mais atrativo que aquele. Em todas as oportunidades que surgiam, iam correndo se refestelar com aquelas arriscadas manobras que os levavam ao delírio e que, quase sempre, eram vencidas pelo Tonico.

Um dia, Ambrósio decidiu colocar ponto final àquela hegemonia e se preparou psicologicamente não apenas para subir na árvore em grande velocidade, mas também para chegar ao topo dela, lugar onde nenhum garoto havia chegado, nem mesmo o Tonico. O que ele não observou foi que naquela altura os galhos eram demasiadamente frágeis para sustentar o peso de seu corpo, pois Ambrósio era bem mais alto e mais pesado que os outros meninos.

E foi assim que o pobre coitado desabou de grande altura, caindo sobre pontiagudas estacadas que serviam de cercado, separando a pastagem do gado de uma horta de verduras, cultivada ao redor da senzala. Naquele terrível instante, a única lembrança que se manteve em sua mente foi o susto. Em um milésimo de segundo sua vista escureceu e ele perdeu completamente a noção do que havia acontecido.

Graças ao desmaio, Ambrósio foi poupado de sentir a dor dilacerante daquelas lanças improvisadas rasgando-lhe a pele e penetrando em diversos pontos de seu corpo, que ficou preso às estacas e precisou ser retirado com muito jeito, para evitar complicações ainda mais sérias.

Capítulo 7

Conflitos de Claudete

"O homem traz, ao nascer, aquilo que adquiriu. Ele nasce exatamente como se fez. Cada existência é para ele um novo ponto de partida."

E.S.E – cap. 5 – item 11

Enquanto os trabalhos de assistência espiritual prosseguiam na sala do Centro Espírita destinada àquelas atividades, Ambrósio me chamou a atenção para a médium Claudete, que julgava estar doando fluidos curadores aos Espíritos enfermos, mas que na verdade estava sendo tratada naquele momento.

Ela nasceu ali mesmo, naquela cidade, e sempre teve dificuldade de interagir com a família, a qual considerava mesquinha e inculta demais para as suas propensas qualidades. Apesar de ter recebido boa quota de carinho, principalmente por parte da mãe e de Cristina, sua irmã caçula, jamais se adaptou ao ambiente familiar.

Ainda bem jovem, Claudete demonstrava forte vocação para os estudos e para o trabalho, exercendo atividades profissionais na área comercial que lhe possibilitaram juntar algum dinheiro a fim de mudar-se para a capital e cursar faculdade, sem depender da ajuda financeira dos pais, o que muito a orgulhava.

Bem adaptada à nova vida, mas sempre procurando isolar-se em seu próprio mundo, formou-se em enfermagem, passou a trabalhar em um grande hospital e, por seus méritos profissionais, logo estava ocupando cargo de chefia e recebendo excelente salário, o que lhe possibilitou desfrutar certa independência financeira.

Embora a vida lhe sorrisse pelo lado profissional e econômico, pelo lado afetivo Claudete continuava completamente isolada. Às vezes, vendo as moças de sua idade envolvidas em relacionamentos amorosos, experimentava um sentimento de inveja e frustração, mas ainda assim não se aventurava por esse caminho, apesar das investidas de alguns rapazes que demonstravam interesse em namorá-la.

O envolvimento amoroso de Claudete terminou ocorrendo quase sem que ela percebesse. Começou em uma relação profissional com um jovem recém-formado, que estava em seu primeiro emprego. Rogério era quatro anos mais jovem do que Claudete, que nessa época estava com 27 anos.

Ao contrário da moça, o rapaz transpirava afetividade por todos os poros. Inicialmente, a enfermeira o achou boçal, imaturo e carente demais. No entanto, com a convivência diária, começou a ter um olhar mais positivo sobre ele e finalmente pôde experimentar um tipo de sentimento diferente do que tivera até aquele momento.

Como Rogério, desde que conhecera Claudete, havia se encantado com ela, o namoro entre os dois foi inevitável e, passados alguns meses, o rapaz, que também era do interior e morava em um pensionato, mudou-se para o apartamento da namorada.

No começo, ela se sentiu um pouco incomodada, pois não estava acostumada a dividir espaço com ninguém; porém, com o tempo, foi se adaptando à nova realidade, a ponto de lamentar a ausência do rapaz, quando os plantões no hospital os mantinham separados.

Entretanto, tirando esse pormenor, o individualismo exacerbado de Claudete se mantinha inalterado. Ela nunca visitava os parentes deixados no interior, mantendo com eles uma relação que só não era totalmente nula porque a irmã de vez em quando telefonava para saber das novidades e dar notícias sobre os familiares. Mas a iniciativa de ligar partia sempre de Cristina. Claudete tinha sempre uma desculpa para justificar a interminável ausência.

— Estou cheia de trabalho no hospital e não posso me ausentar – respondia quando a irmã pedia para ela aparecer.

— O papai e a mamãe estão morrendo de saudade. Além disso, tem dois sobrinhos aqui querendo conhecer a tia Claudete – a moça apelava.

— Diga a todos que, em breve, darei as caras por aí – a enfermeira respondia sem fazer a menor questão de demonstrar sinceridade em suas palavras.

E, assim como na relação com seus pais e a irmã, Claudete não fez também a menor questão de se enturmar com os parentes de Rogério. Ao contrário, nas raras vezes que recebeu a visita de alguns deles, agiu de modo tão frio e deseducado que eles, por conta própria, foram se afastando.

Rogério costumava viajar a cada dois meses para visitar os pais que ficaram no interior, mas Claudete nunca ia junto. Do mesmo modo como criava desculpas e mais desculpas para ficar longe de sua família, usava a mesma estratégia para não se aproximar dos parentes do companheiro.

Aliás, com o passar do tempo, começou a implicar com as viagens dele, dizendo que Rogério gastava dinheiro demais com aqueles constantes passeios. E, tanto o perturbou, que o rapaz aumentou o intervalo entre as visitas, passando a ver os pais apenas duas ou três vezes ao ano.

Outro ponto complicado na relação dos dois foi o fato de Rogério viver sonhando em constituir família. Desde novo, planejava ter ao menos um filho e até já tinha em mente o nome que lhe daria, chegando a sonhar com a criança aninhada em seu colo, chamando-o de papai.

Ocorre que Claudete era completamente avessa à ideia de ter filhos e usava todos os recursos possíveis para evitar a gravidez. Para não contrariar o companheiro, sempre que ele tocava nesse assunto, ela arranjava motivos que justificassem a prorrogação da maternidade. Jamais dizia a verdade sobre o fato de não ter a menor vontade de engravidar.

— Meu querido, estou em um momento importante para a minha carreira profissional – ela dizia com voz adocicada. — Vamos esperar só mais um pouco.

— Mas, Claudete, já estamos juntos há tanto tempo... Quando é que iremos começar a formar nossa família?

— Em breve, meu amor! Dê-me apenas um pouco mais de tempo, por favor!

Outras vezes, a desculpa para não engravidar era criada por problemas de saúde, instabilidade emocional e coisas desse tipo.

E um bom tempo se passou até Claudete notar que Rogério havia deixado de cobrar que ela engravidasse. Agora ele já não tocava no assunto e, além disso, andava se distanciando cada vez mais.

Alegando que a mãe estava enferma, ele voltara a amiudar as idas para a cidade natal e chegava a viajar para lá até duas vezes no mesmo mês, além de ter passado quase todo o período das duas últimas férias no interior.

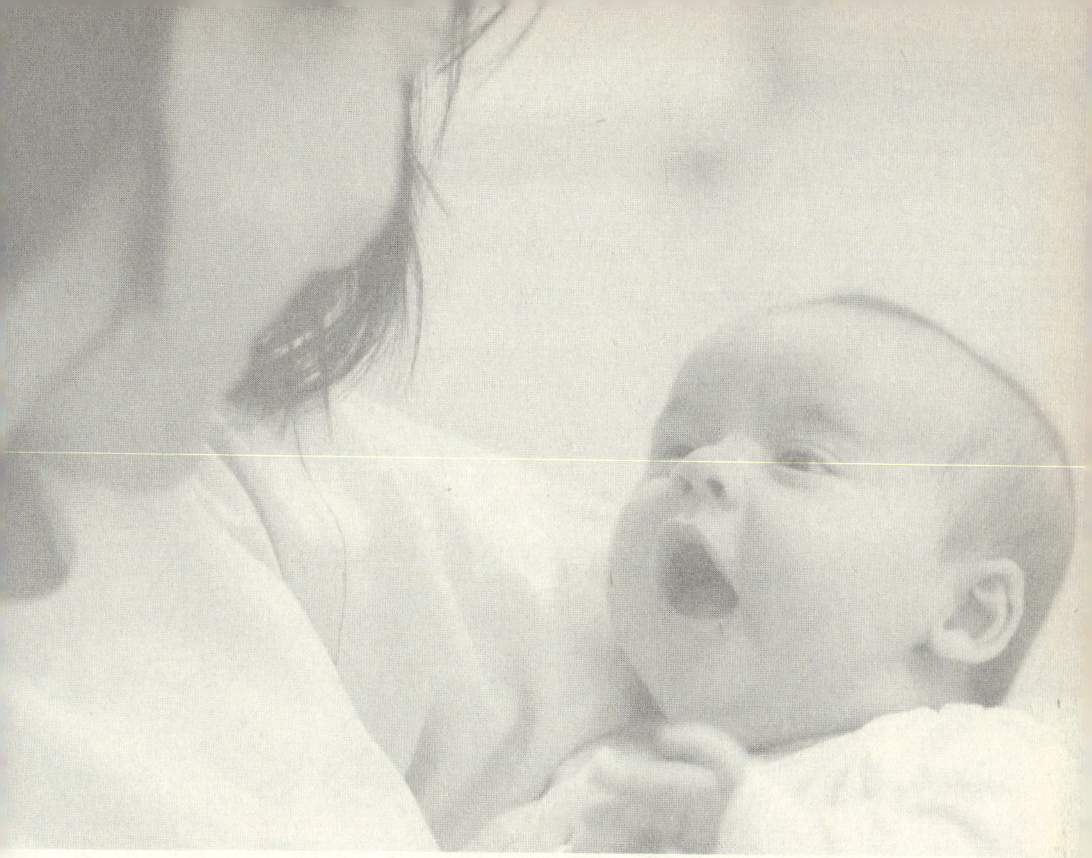

Capítulo 8
Vida dupla

> "Nem a lei civil, nem os compromissos que ela determina, podem suprir a lei do amor, se esta não presidir à união."
>
> *E.S.E – cap. 22 – item 3*

Um dia, desconfiada de que algo errado estava acontecendo, Claudete vasculhou o carro do companheiro, um pouco antes de ele sair para mais uma de suas constantes viagens, e encontrou um carrinho de bebê, várias roupinhas, brinquedos e fraldas no porta-malas.

Levou um choque, considerando a possibilidade de serem reais algumas suspeitas que andavam lhe rondando os pensamentos. Porém, teve frieza suficiente para controlar as emoções. Contratou os serviços de um detetive e, poucos dias depois, recebeu o endereço de uma casa localizada na pequena cidade onde Rogério havia nascido e o relatório do detetive sobre as suas descobertas.

Motivada por ciúme e revolta, Claudete arquitetou um plano e disse ao companheiro:

— Fiquei sabendo que meu pai não está muito bem e decidi visitá-lo no próximo fim de semana. Você irá comigo?

Rogério a olhou contrariado.

— Poxa, Claudete! Faz séculos que lhe peço para conhecer seus familiares e você nunca fez questão de me levar até eles. Justamente quando estarei de plantão, você resolve visitá-los?

A verdade é que Claudete sabia que Rogério estaria trabalhando naquele fim de semana e foi justamente por isso que programou sua viagem. Assim, respondeu com fingida lamentação:

— Eu não pretendia ir, mas fiquei com a consciência pesada quando soube que meu pai está doente. Tenho medo de que ele morra sem se despedir de mim. É uma pena que você não possa ir comigo, mas prometo que em breve voltaremos lá, juntos.

Com isso, ficou tudo acertado para o que ela pretendia fazer.

✦ ✦ ✦

No sábado seguinte, Claudete viajou de madrugada. Chegando à cidadezinha de Rogério, bateu palmas à frente de uma casa simples e bem cuidada, com os galhos de uma roseira ultrapassando o muro baixo, invadindo parte da calçada estreita. Em poucos segundos, a porta se abriu, uma moça, trazendo um bebê ao colo, aproximou-se do portão e Claudete a cumprimentou:

— Bom dia, moça!

— Bom dia! – a jovem respondeu com simpatia. — O que a senhora deseja?

Claudete ficou olhando fixamente para o rostinho da criança e sentiu uma pontada no coração. O menino parecia uma miniatura do Rogério, tamanha era a semelhança em seus traços fisionômicos.

— Estou procurando por uma pessoa... Disseram-me que mora aqui – ela respondeu com a voz um pouco trêmula pela incômoda surpresa.

— E quem é essa pessoa? – a moça perguntou demonstrando tanta insuspeição, que deixou Claudete ainda mais à vontade para levar seu plano adiante.

— O nome dele é Rogério. Fiquei sabendo que é um enfermeiro muito competente e queria falar com ele sobre assuntos profissionais.

A jovem abriu a boca e arregalou os olhos, manifestando espanto e exagerada alegria.

— Meu Deus! A senhora é do hospital municipal?

Surpreendida por aquela pergunta e sem saber exatamente o que responder, Claudete acenou levemente a cabeça, sem dar a entender com clareza se o fazia em sinal de confirmação ou negação.

— O Rogério me disse que foi aprovado no concurso público e que deve começar a trabalhar lá em breve – disse a moça, dando a entender que compreendera como positivo o aceno de cabeça. — A senhora veio convocá-lo?

Outro baque para o coração de Claudete, que teve de administrar a situação sem levantar suspeitas.

— Sim, mas eu precisava de algumas informações. Ele está em casa?

— Infelizmente, não – respondeu a jovem, com ar desapontado. — O Rogério ainda está trabalhando em São Paulo e só vem para casa de vez em quando. Mas a senhora não quer entrar? Talvez eu possa ajudá-la.

Claudete quis recusar o convite. Aquela situação estava ficando cada vez mais complicada e o que descobrira até ali confirmava o que o detetive havia dito sobre a vida dupla de Rogério. Porém, a curiosidade falou mais alto e, por fim, ela disse com determinação:

— Está bem, aceito entrar por alguns minutos somente, até para que o seu menino não fique exposto ao sol. Tenho que voltar logo ao trabalho.

As duas entraram na casa que tinha mobílias bastante modestas, mas tudo muito bem arrumado e limpo. Na parede encontrava-se exposta uma foto bem grande de Rogério abraçado à moça; ambos sorridentes, sentados no carrossel de um parque de diversões. Ele acariciava a barriga dela que estava em adiantado estado de gestação.

Sentaram-se no sofá e a moça perguntou:

— Qual é mesmo o seu nome?

Pega de surpresa, Claudete gaguejou ao dizer o primeiro nome que lhe veio à mente, mas não despertou qualquer suspeita na jovem, que se apresentou com naturalidade:

— O meu nome é Jandira e este aqui é o Marcelinho – disse apontando com o queixo para o menino.

— Lindo o seu filho – Claudete elogiou, forçando um sorriso. — Mas ele não se parece muito com você, não é mesmo?

— Sim, é verdade. Mas não posso me queixar, afinal ele é a cara do Rogério e isso para mim é o mais importante. É como se, mesmo estando tão longe, um pedacinho do homem que eu amo estivesse bem aqui ao meu lado.

Aquele comentário provocou um mal-estar terrível em Claudete, pois a fez perceber o quanto havia de diferença entre ela e Jandira. Estava na cara que aquela moça possuía a mesma característica afetivo-familiar de Rogério, o que, de certo modo, justificava o fato de estarem juntos e já terem até um filho em comum.

— Vocês estão casados há muito tempo? – ela perguntou, fingindo indiferença.

— Na verdade, ainda não nos casamos. Eu e o Rogério tivemos um rápido namoro, mas na época eu era muito imatura, praticamente uma menina. Depois ele foi embora para a capital e nos perdemos de vista, mas algo em meu coração dizia que ele era o homem da minha vida. Dois anos atrás, ele veio passar as férias aqui e nos reencontramos. Daí voltamos a namorar, mas por enquanto nós só nos vemos de vez em quando, nas vezes em que ele está de folga e vem para cá.

— Mas ele nunca falou em levá-la para São Paulo?

— Não. Ele diz que aquilo lá é lugar de louco – Jandira disse com um ar de riso. — Falou que a cidade é muito agitada e que está pretendendo voltar para o interior. Quando eu descobri que estava esperando um filho dele, essa ideia foi reforçada ainda mais. Então ele alugou esta casa para nós e prestou concurso para trabalhar no hospital daqui.

Jandira dizia tudo aquilo com um brilho intenso no olhar, sem ter a menor noção do estrago emocional que aquelas palavras faziam no coração de Claudete que, tendo ouvido o suficiente, sentiu imensa vontade de contar toda a verdade para a moça. Porém, enquanto tomava um copo de água, que pedira a ela, conseguiu acalmar a tormenta interior que lhe agitava a alma e mudou de ideia. Resolveu sair dali tão incógnita quanto chegara.

Capítulo 9

Decepção e doença

"O mundo está cheio de pessoas que trazem o sorriso nos lábios e o veneno no coração; que são doces, contanto que ninguém as moleste, mas que mordem à menor contrariedade."

E.S.E – cap. 9 – item 6

De volta ao apartamento, em São Paulo, assim que Rogério chegou do trabalho, ela o mandou sentar-se à mesa da copa, como se fossem fazer uma refeição. Acomodou-se de frente para ele e, encarando-o nos olhos, perguntou:

— Quando você pretendia me falar sobre a Jandira, o Marcelinho e o concurso público em que foi aprovado no hospital de sua cidade?

Pego totalmente desprevenido, sem qualquer possibilidade de negar aquela realidade, restou a Rogério a tentativa de minimizar ao máximo as avarias do complicado momento. Suspirou profundamente e, evitando retribuir ao olhar inquisitivo e acusador de Claudete, ergueu as duas mãos com as palmas voltadas para ela e apenas sussurrou:

— Calma, por favor! Eu vou explicar tudo.

A mulher cruzou os braços, franziu a testa, semicerrou os olhos e ficou encarando-o, como se buscasse certificar-se de que não haveria mentiras nem omissões em suas palavras.

Mas não havia necessidade dessa estratégia, pois Rogério já estava há muito tempo tentando arranjar coragem para se livrar daquela enrascada e confirmou toda a história que Jandira, inocentemente, já havia contado a Claudete.

✦ ✦ ✦

A conversa entre o casal foi tensa e deprimente. Enquanto lágrimas de indignação e revolta jorravam dos olhos de Claudete, Rogério fazia seu mea culpa, não se isentando de responsabilidades, mas procurando mostrar o quanto ela havia contribuído para que aquilo acontecesse.

Ao fim das explicações, ele disse:

— Venho prorrogando essa conversa há tempos, com medo de lhe magoar, mas agora que ela aconteceu, estou me sentindo realmente aliviado.

E foi taxativo ao encerrar:

— Sinto muito, mas tenho que ser sincero com você. Amo demais a Jandira e o Marcelinho. Não consigo mais conceber a minha vida sem a presença dos dois ao meu lado. Pretendo voltar o mais rapidamente possível para junto deles e, se possível, nunca mais pisar nesta cidade.

Apesar da mágoa que passaria a ocupar lugar de destaque em sua vida, Claudete, em momentos de imparcial reflexão, entendia que era injusto atribuir somente a Rogério a culpa pelo fim do relacionamento. O que ela não perdoava era a traição. Sua orgulhosa natureza encontrava-se gravemente ferida por ter sido enganada durante dois anos, período em que julgava ainda desfrutar a consideração do único homem que tivera livre acesso às mais caras afeições de seu coração.

Envolvida por pensamentos de vingança, fingiu ter compreendido e perdoado o companheiro, propondo a ele que permanecesse em sua companhia até que estivesse pronto para ir embora.

— Você não precisa sair daqui correndo, como um cão escorraçado – ela disse. — Fique até que tenha resolvido todas as questões para se mudar definitivamente. Afinal, depois desses anos de convivência, é natural que tenha restado um mínimo de consideração entre nós.

Rogério acenou a cabeça levemente, concordando com ela. Depois, um pesado silêncio se abateu sobre eles, enquanto um macabro plano de vingança era arquitetado mentalmente por Claudete.

Dormiram em quartos separados naquela noite e, no dia seguinte, no hospital, a enfermeira apossou-se de uma grande quantidade de drogas com as quais pretendia dar cabo à vida de Rogério, injetando-as em sua veia, depois de dopá-lo com um forte sonífero adicionado a alguma bebida.

Dois tipos de pensamento pareciam duelar em sua mente: um lhe pedia juízo e cautela, sugerindo que Claudete relevasse a afronta e deixasse a vida seguir seu curso; outro a instigava a vingar-se sem a menor comiseração, pouco importando o desfecho que a história teria. Segundo essa sugestão radical, o importante era que Rogério não fosse feliz depois de havê-la afrontado sorrateiramente e provocado a sua infelicidade.

Entretanto, a decisão a ser tomada não dependeu de Claudete, mas de uma atitude do próprio Rogério. Ao fim do expediente daquele dia, ao retornar para casa, a enfermeira não encontrou os pertences do companheiro, que os havia retirado. Sobre a mesa da copa havia um curto bilhete de despedida:

"Claudete, pensei bem sobre a sua proposta e achei que não seria justo ficar ocupando espaço em seu apartamento depois de tudo o que aconteceu. Ficarei num pensionato até o momento de ir embora em definitivo. Agradeço por tudo o que você fez por mim e espero que um dia possa me perdoar."

Ao ler o bilhete, imensa frustração se apoderou da mulher, mas algo em seu íntimo dizia que a iniciativa de Rogério ao deixar o apartamento revelava a providência de algum guardião espiritual, livrando-a do peso de se tornar uma assassina.

O choro escandaloso a que deu vazão naquele momento, enquanto socava os móveis até sentir as mãos doloridas, era provocado por um misto de raiva, indignação e desejo de vingança. Mas trazia também certo alívio ao seu coração. Ela não queria admitir naquele momento, mas no fundo sabia que iria se arrepender, caso levasse adiante o sinistro plano de envenenar o ex-namorado.

E foi assim que a relação entre os dois chegou ao fim. Rogério se demitiu do emprego e voltou para sua cidade natal, onde Jandira o esperava com o filho nos braços, cheia de planos alvissareiros para o futuro.

Com o choque emocional, Claudete tornou-se ainda mais insociável do que já era, levando inclusive para o ambiente de trabalho os rompantes insuportáveis de sua frustração, o que a transformou em uma chefe odiada por grande parte dos subordinados.

E foram tantas e tão constantes as queixas feitas contra ela, que poucos meses depois da decepção que tivera com Rogério, acabou demitida do hospital. Agora, com o orgulho ferido também no âmbito profissional, Claudete começou a desenvolver distúrbios neurológicos graves que terminaram em depressão profunda e fortes crises de ansiedade.

Depois de permanecer um tempo internada em uma clínica psiquiátrica, ela percebeu que não teria mais como viver sozinha, pois em momentos de surtos graves necessitava da ajuda de terceiros para se acalmar.

— Assim, cedendo à insistência da irmã caçula que jamais a abandonara, ela voltou para a cidade natal – explicou Ambrósio. — Impossibilitada de trabalhar, Claudete viu sua independência financeira ruir-se e hoje vive de um pequeno salário angariado por conta de aposentadoria por invalidez. Mora em uma edícula construída nos fundos do quintal de Cristina. Sua relação com o cunhado e com os sobrinhos é bastante tumultuada, pois apesar de viver praticamente de favores, ela não abre mão de uma privacidade a que só tem direito parcialmente. Afinal, o quintal que ocupa é utilizado também pela família da irmã. E essa família se torna cada vez mais numerosa com a chegada de novos membros.

— Meu Deus! Quanta provação! – exclamei lançando um olhar piedoso para Claudete, que se encontrava praticamente anestesiada naquele momento, recebendo os fluidos curadores dos médiuns que se encontravam em condições de doá-los.

— Bem, levando em conta sofrimentos muito mais graves enfrentados por tanta gente neste plano de correções, não dá para dizer que a condição dela seja tão penosa – observou Ambrósio. — Podemos dizer que nossa irmã tem tomado um remédio amargo, cujo objetivo é curá-la de suas antigas mazelas, mas esse amargor só tem se ampliado pelo comportamento rebelde da própria enferma. Observando-a, fica bastante clara a reincidência nos equívocos que a colocaram na difícil situação do atual momento.

— A raiz do homem velho a sustentar o novo? – perguntei, lembrando-me do belo exemplo que Ambrósio usara no início de nossos diálogos.

— Exatamente isso – ele respondeu. — Aos poucos, ramos novos vão surgindo sobre a copa desta "árvore" milenar a que, atualmente, chamamos Claudete. Ela veio parar neste Centro Espírita por indicação de uma vizinha. Submeteu-se a prolongado período de assistência espiritual e sentiu considerável melhora em suas enfermidades psíquicas, devido ao afastamento de alguns obsessores que a assediavam praticamente desde o início desta reencarnação. Claudete descobriu sua condição de médium e concluiu alguns cursos doutrinários oferecidos pela Casa. Depois se tornou servidora, mas, como pudemos observar, por enquanto ela tem muito mais a receber do que a oferecer nas reuniões de que participa.

Depois dessas observações, caímos em profundo silêncio. Ambrósio, de olhos fechados, pareceu ter iniciado uma prece enquanto eu refletia sobre tudo o que acabara de aprender com a história de vida daquela mulher.

Capítulo 10

Ambição e crueldade

"Cada nova falta aumenta a dívida, pois não existe uma única falta, qualquer que seja, que não traga consigo a própria punição, necessária e inevitável."

E.S.E – cap. 5 – item 12

Ambrósio explicou-me que Claudete, na encarnação passada, fora muito bonita em sua juventude, mas possuía os graves defeitos morais da ambição e da falsidade. Oriunda de família pobre, muito cedo precisou buscar recursos para melhorar as condições de vida, sendo contratada como serviçal na luxuosa residência de um empresário bastante rico e influente na cidade onde viviam.

Foi assim que ela soube como era a vida de luxo das pessoas bem-sucedidas e viu de perto as vantagens e os prazeres que o dinheiro é capaz de ofertar a quem o possui em abundância. Invadida por incontrolável sentimento de inveja, começou a arquitetar planos para amealhar vantagens daquela situação.

Sua primeira iniciativa foi aproximar-se da esposa do patrão e, aproveitando-se da aura de inocência e pureza que seu rostinho angelical sugeria, conquistar-lhe a piedade, colocando-se como vítima da pobreza e dos desmandos de uma família afetivamente desestruturada. Mentiu ao dizer que o pai era um alcoólatra violento que vivia a surrá-la e que a mãe o protegia, por não gostar dela.

Ao inventar essas histórias, Claudete fingia chorar, deixando a patroa comovida com tamanho sofrimento. Impressionavam-lhe também os modos aparentemente ingênuos daquela meiga e triste mocinha a demonstrar tanta vulnerabilidade. Sensibilizada com a condição de miséria exposta pela moça, a mulher praticamente a adotou.

Por sua proximidade com aquela família, Claudete ficou sabendo que a esposa do patrão tinha um sério problema de saúde que, além de impedi-la de ter filhos, deveria ceifar sua vida em poucos anos. Tais informações fizeram com que ela se dedicasse ainda mais aos escusos objetivos, voltando sua atenção não somente para a patroa, mas principalmente para o patrão a quem envolveu em sutis jogos de sedução.

Então, quando a patroa faleceu, a empregada, com sua juventude e beleza, somadas à desfaçatez de uma pureza inexistente, aproveitou-se da carência afetiva do solitário viúvo e não precisou de muito esforço para fisgá-lo. Desse modo, sua vida deu um salto espetacular em termos de conforto material. De simples empregada, Claudete tornou-se patroa exigente e autoritária, promovendo, inclusive, a demissão das funcionárias mais antigas, alegando que, por terem sido suas colegas de trabalho, não lhe teriam o devido respeito.

O marido de Claudete, homem maduro, já pela casa dos cinquenta anos, era extremamente ocupado e se mantinha distante do lar em muitas ocasiões, principalmente quando precisava viajar para o exterior, sempre em busca de bons negócios para sua empresa.

Assim, passado o deslumbramento inicial angariado por conta da riqueza, a vida da jovem se tornou entediante. Seu coração ficou desassossegado e ela começou a sentir falta de coisas que nem o dinheiro nem o esposo poderiam lhe oferecer.

Claudete só percebeu o que poderia preencher aquele vazio imenso em seu coração, no dia em que o marido convidou para jantar com eles um jovem e elegante administrador recém-contratado para trabalhar em sua empresa. Esse rapaz era Rogério em sua encarnação anterior.

Movida por uma paixão arrebatadora, a imatura esposa do empresário passou a assediar o rapaz, criando várias situações para que se encontrassem a sós e deixando bem claras quais eram as suas intenções.

Percebendo o interesse de Claudete, Rogério, inicialmente, temendo as consequências do ato, procurara fugir-lhe ao assédio, porém, com o passar do tempo e a insistência da moça, acabou cedendo às investidas e os dois iniciaram um relacionamento escuso, movido pela doentia paixão por parte dela e por um inconsequente desejo de aventura por parte do rapaz.

As constantes viagens do marido facilitaram a aproximação dos amantes, e a beleza sedutora de Claudete mais uma vez a levou a alcançar os objetivos desejados.

Esse relacionamento durou alguns anos, até que Rogério conheceu a moça que era Jandira naquela encarnação e se apaixonou por ela. Correspondido em seus sentimentos, ele abandonou a relação adúltera com Claudete que, inconformada com o abandono sofrido, fez tudo que podia para atrapalhar o namoro entre Jandira e seu ex-amante.

Porém, como precisava ter cautela para não se tornar alvo de um escândalo produzido por ela própria, já que protagonizava uma relação delituosa, não pôde se expor muito. Acabou por perder de vez a atenção de Rogério, mas conseguiu ao menos impedir que ele fosse feliz ao lado de Jandira, pois, agindo mais uma vez de modo irresponsável e egoístico, terminou prejudicando-o fatalmente.

Certa de que não teria mais Rogério a satisfazer-lhe os caprichos, Claudete o convenceu a encontrar-se com ela pela última vez e, para isso, usou todos os recursos que possuía, inclusive ameaçando convencer o esposo a demiti-lo, inventando ter sido assediada por ele.

Visando colocar ponto final àquela insustentável situação, Rogério acabou cedendo e foi encontrar-se com Claudete, sem saber que os planos dela eram bem mais tenebrosos. Ocorre que a mulher tinha um primo envolvido com a criminalidade. Esse homem – um brutamontes animalizado que já estivera preso diversas vezes – fazia qualquer coisa por dinheiro, a fim de sustentar seus vícios.

Movida por orgulho e despeito, Claudete tomou a decisão de procurar o parente problemático e fazer-lhe uma tentadora proposta: ele receberia uma boa soma para dar uma lição em Rogério, surrando-o e deixando deformado o seu rosto bonito e altivo. Se fosse para outra mulher ficar com o rapaz, que ao menos não desfrutasse de sua beleza.

Na noite do encontro, quando Rogério chegou ao local combinado – um lugar ermo e escuro – em vez de Claudete, quem o esperava era o primo dela acompanhado de dois cúmplices. Pego de surpresa, o rapaz não teve tempo de reagir e foi espancado violentamente, a ponto de perder os sentidos. Depois foi abandonado na sarjeta, sendo resgatado somente na manhã seguinte, quando transeuntes o encontraram ainda inconsciente e muito ferido.

Conduzido ao hospital, Rogério faleceu depois de três dias lutando pela vida. A surra fora exagerada e um dos chutes que levara dos agressores havia quebrado um osso de sua costela e perfurara-lhe os pulmões, provocando grave hemorragia interna que o levou a óbito.

Durante as investigações, as autoridades chegaram ao primo de Claudete e ele confessou o crime. Em depoimento, o assassino revelou o fato de ter sido contratado por ela, que queria se vingar do amante. Os três autores da agressão foram condenados, mas Claudete, usando novamente seu irresistível poder de persuasão, convenceu o marido de que fora vítima de uma armação qualquer e, contando com o dinheiro e a influência dele, livrou-se da condenação.

Porém, ela não conseguiu escapar do remorso, pois no fundo não esperava que Rogério morresse, apenas que recebesse uma dura lição. E foi com esse crime a pesar-lhe sobre os ombros que retornou ao plano espiritual, onde sofreu inevitáveis cobranças de sua própria consciência.

— Foi por isso que nossa irmã relutou tanto em se envolver afetivamente na atual encarnação – explicou Ambrósio. — Intimamente ela conhecia a natureza possessiva de que é possuidora e previa a possibilidade de voltar a cometer um crime passional.

— E esteve mesmo muito perto de fazê-lo – observei, lembrando-me de que ela por pouco não matara Rogério.

E mais uma vez a teoria de Ambrósio sobre "ramos e raízes" ficava bastante clara para mim. Embora lutando contra suas más inclinações e estando engajada em trabalhos voluntários de auxílio ao próximo, Claudete era ainda um Espírito desajustado, sujeito a repetir as más escolhas do passado.

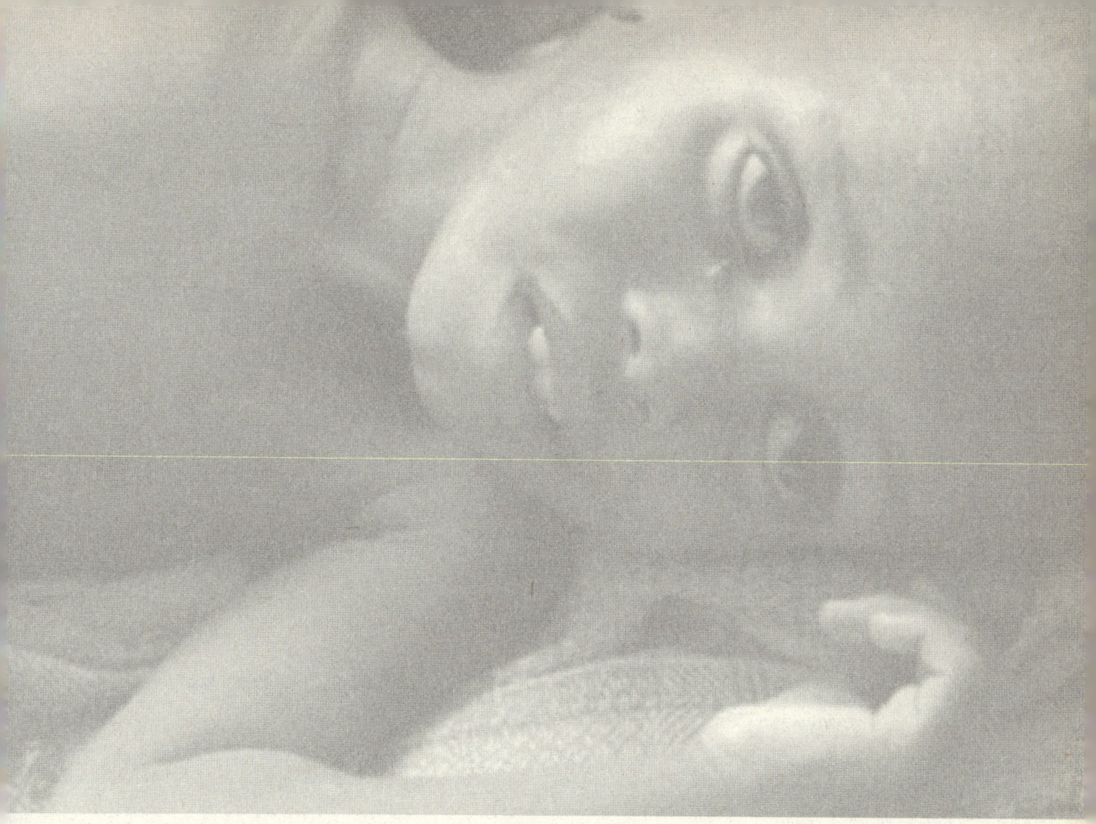

Capítulo 11

Abandono

> "É esse o sentido das palavras: "Bem-aventurados os aflitos, porque eles serão consolados". Eles são felizes porque pagam suas dívidas, e porque, após a quitação, estarão livres."
>
> *E.S.E – cap. 5 – item 12*

Sem saber por quanto tempo ficou desacordado depois da queda da árvore, Ambrósio abriu os olhos devagarzinho e começou a sentir dores insuportáveis em várias partes do corpo. Teve vontade de gritar desesperadamente, mas a garganta estava ressecada e a voz não se manifestou. Ele não fazia a menor ideia de onde se encontrava. Tentou se mover e percebeu estar imobilizado. Sua vista estava embaçada e os olhos pareciam pesar uma tonelada.

De repente, ele pressentiu a aproximação de um vulto e ouviu uma voz mansa agradecer a Deus pela recuperação de sua consciência.

— Graças ao Bom Deus, nosso menino acordou! – exclamou a voz meio cantada, enquanto a silhueta de um velho negro sentava-se em um toco que fazia a vez de cadeira, ao lado da rede na qual o rapazinho estava deitado.

Ambrósio estava sob os cuidados de um negro bastante idoso, conhecido como nhô Inácio. Ele havia chegado àquela fazenda junto com um lote de escravos que tinha sido comprado de um engenho que ficava muito distante dali.

Quando chegou àquelas paragens, Inácio não tinha qualquer serventia como trabalhador braçal, pois havia arruinado sua saúde física cortando e transportando cana-de-açúcar para o engenho, por mais de meio século.

Na verdade, fora oferecido quase de graça junto aos demais escravos e só fora aceito ali pela benemerência do fazendeiro que, apesar de não mostrar tanta simpatia pelos negros, tratava-os com certas regalias.

Entretanto, o que pareceu inicialmente ter sido um mau negócio, revelou-se bastante positivo, pois se Inácio era incapacitado para as tarefas mais pesadas, mostrou-se excelente curandeiro e passou a cuidar com tanta competência dos negros que se acidentavam ou adquiriam moléstias na labuta, que o fazendeiro passou a encará-lo até com certa consideração, principalmente depois de ele próprio ter sido curado pelas mãos do velho escravo ao ser picado por uma cobra, cujo veneno costumava ser letal.

Ambrósio já ouvira falar de nhô Inácio, mas não o conhecia, pois o curandeiro vivia isolado da senzala, em um casebre que o dono mandara construir para ele às margens do rio que cortava a fazenda.

✦ ✦ ✦

Com o passar do tempo, sendo tratado diariamente por Inácio, que não o abandonava em nenhum momento, as dores em seu corpo foram se abrandando e os olhos perderam a turvação. Ambrósio começou a pronunciar algumas palavras e a primeira pergunta que fez foi:

— Cadê minha mãe?

Embora não tivesse muita noção do tempo decorrido, estava claro para ele que se encontrava ali havia dias e em nenhum momento vira Anacleta ou qualquer outra pessoa que não fosse Inácio naquele casebre.

Ouvindo-lhe a pergunta, o curandeiro se aproximou, afagou-lhe os cabelos encarapinhados e disse:

— Ela vem lhe ver quando o menino estiver melhor.

O rapazinho fez ar de choro.

— Eu quero que ela venha agora.

Inácio lançou para ele um olhar repleto de compaixão e lhe disse:

— Infelizmente, agora não vai dar, não. Tem paciência, meu filho! Primeiro vamos cuidar que o menino fique curado, com a graça de Deus, nosso Pai e Criador, que nunca nos desampara. Depois a mamãe vem lhe ver.

A menção a Deus fez Ambrósio lembrar-se das palavras de Anacleta e reforçou ainda mais a certeza de que Ele era real. Agora era mais uma pessoa que demonstrava bondade e que citava a existência daquele ser tão soberano como algo muito importante em nossas vidas. Porém, uma vez mais, a condição dolorosa em que se encontrava fez com que o ensinamento fosse absorvido apenas parcialmente.

✦ ✦ ✦

Ambrósio não sabia, mas fatos bastante graves estavam acontecendo na fazenda naqueles dias. Ocorre que os encontros furtivos entre Anacleta e Jovino, por mais que ambos tivessem tentado evitar, terminaram em gravidez. Quando percebeu que estava esperando um filho, sem a autorização de seu dono, a mulher entrou em desespero, preocupada não somente consigo, mas também com a situação de Jovino, que poderia até ser enforcado por descumprir uma ordem bastante rigorosa para os negros daquela região.

Depois de muito refletir, Jovino e Anacleta chegaram à conclusão de que não queriam que a criança fosse abortada, afinal tratava-se do fruto do amor profundo e verdadeiro que os unia.

Então, restou a opção de fugirem dali, antes que a gestação fosse descoberta. Jovino sabia da existência de um quilombo que ficava a cinco dias de uma viagem exaustiva, feita em meio ao matagal quase virgem de uma serra escarpada.

Alguns moradores desse quilombo eram antigos conhecidos seus que se revoltaram contra os donos e conseguiram abrigo junto a outros negros que haviam se organizado em uma comunidade mais ou menos segura, quase no topo da montanha. O negro reprodutor tinha certeza de que seria muito bem recebido naquele lugar.

Naturalmente, não havia garantia alguma de que conseguissem chegar a salvo ao quilombo, nem a de que teriam como permanecer por muito tempo ali sem serem capturados, mas ainda assim aquela lhes parecia ser a saída mais provável.

O casal planejou tudo entre eles, sem que nenhum detalhe da fuga chegasse ao conhecimento de ninguém, nem mesmo de Ambrósio, que fazia parte do plano. Justino e Anacleta não abriam mão de levarem o filho que já tinham em comum.

O problema foi que Jovino chegou à fazenda, montado em seu cavalo e levando outro para Anacleta, justamente na madrugada do dia em que Ambrósio havia sofrido o acidente e se encontrava sob os cuidados de Inácio.

A mãe do menino estava desesperada, mas não tivera como avisar Jovino sobre o imprevisto. Além disso, o acidente fora tão grave, que havia grande possibilidade de que Ambrósio não sobrevivesse aos ferimentos. As estacas pontiagudas haviam feito grande estrago em suas entranhas, aparentemente perfurando órgãos vitais.

Naquela madrugada, uma dolorosa e dramática conversa foi travada entre os pais do menino.

— Eu acho que não poderei mais ir – disse Anacleta, depois de contar a Jovino o que havia acontecido.

— Mas não podemos levá-lo? Ele está tão mal assim?

— Não há a menor possibilidade de ele ir conosco – a mulher respondeu chorando. — Aliás, nhô Inácio acha muito difícil que ele sobreviva.

Após breve silêncio, refletindo sobre todas as possibilidades, Jovino disse:

— Não temos alternativa, Anacleta. Se não fugirmos agora, seremos descobertos, pois não terei como explicar o fato de haver saído da fazenda em horário tão impróprio e com as duas montarias. Além disso, em pouco tempo a sua barriga estará crescida e será impossível esconder a gravidez...

Ele fez nova pausa enquanto a mulher o olhava aos prantos e determinou:

— Vamos levar nosso plano adiante. Só assim teremos chance de nos salvar e de salvar este filho que você está esperando.

— Vamos abandonar o Ambrósio à própria sorte? – ela inquiriu.

Jovino aproximou-se, abraçou-a e disse:

— Quando o Ambrósio estiver em condições de cavalgar, eu dou um jeito de vir buscá-lo – apontou para o céu. — Prometo, em nome de Deus, que hei de levá-lo para viver conosco no quilombo.

O tempo urgia, não oferecendo possibilidade para hesitações. E foi assim que, com o coração partido, Anacleta acompanhou Jovino naquela arriscada viagem, deixando para trás o filho amado, cujo destino estava inteiramente nas mãos de Deus.

Antes, porém, deram uma rápida passada pelo casebre do curandeiro, falaram da necessidade de fugirem e sobre a decisão de deixarem Ambrósio sob os seus cuidados. Jovino disse que daria um jeito de obter informação sobre o estado de saúde do menino e, assim que tivesse certeza de que ele estava em condições de viajar, voltaria para resgatá-lo.

Apreensivo e ao mesmo tempo compadecido com a situação deles, Inácio os abençoou, desejando do fundo do coração que seus planos dessem certo e que tudo terminasse bem.

Capítulo 12

Crime e vingança

"A vingança é um índice seguro do atraso dos homens que a ela se entregam, e dos Espíritos que ainda podem inspirá-la."

E.S.E – cap. 12 – item 9

Depois de conhecer a experiência de Claudete, Ambrósio chamou-me a atenção para Armando, que também se encontrava compenetrado, acreditando que doava fluidos salutares aos desencarnados que ali eram assistidos.

Armando nasceu e viveu até os 47 anos de idade em uma cidade de médio porte, no nordeste do Brasil. Quando tinha apenas 15 anos, ele enfrentou uma dolorosa tragédia familiar: o pai, lavrador honesto e trabalhador, fora assassinado com um tiro no peito.

À época, os investigadores concluíram que o homem havia sido vítima de latrocínio, já que seus poucos pertences foram subtraídos na ocorrência. Porém, o assassino jamais foi encontrado e a razão do crime acabou ficando mesmo no campo da suposição.

Houve quem afirmasse que o assassinato teria outras motivações e que a subtração dos bens seria apenas uma forma de despistar as investigações, mas nada pôde ser comprovado.

Para Armando começava ali um período de grandes sofrimentos. Ele era o mais velho de cinco irmãos e se viu na obrigação de cuidar da família, já que a mãe praticamente enlouqueceu com a morte violenta do marido e se tornou uma mulher incapacitada para a vida.

Desse modo, o adolescente, que sempre contara com o amparo do genitor, teve de arregaçar as mangas e, para não ver os entes queridos passando fome, precisou arranjar mil e uma maneiras de ganhar dinheiro e sustentar o lar.

Entretanto, o que mais o incomodava era o ódio que passou a nutrir pelas pessoas que fazem do roubo um meio de ganhar dinheiro, principalmente aquelas que cometiam assaltos utilizando armas de fogo. O rapaz passou a colecionar recortes de jornais de todos os crimes que ocorriam em sua cidade e até mesmo em outras localidades, quando o caso assemelhava-se ao que supostamente havia acontecido a seu pai.

Com o desejo de vingança a agigantar-se em sua alma, ele decidiu se tornar policial, pois, desse modo, julgava ter legitimidade para fazer com que a justiça sempre prevalecesse. E tamanha foi a sua determinação, que o jovem realmente se tornou policial militar.

Durante 25 anos, foi um dos policiais mais destemidos daquela região. Ficou famoso pelos confrontos com qualquer tipo de criminoso e colocou muitos deles na cadeia. O problema foi que, devido à forma agressiva e humilhante com que tratava principalmente os assaltantes que utilizavam armas de fogo, mesmo depois de estarem rendidos e algemados, sua fama começou a se tornar bastante negativa.

E tantas foram as denúncias e as ações judiciais contra o seu modo truculento de tratar os meliantes, que os oficiais da corporação a que ele pertencia começaram a se sentir incomodados e passaram a aconselhá-lo a mudar a forma de agir. Mas o ódio que Armando cultivava em seu coração era muito maior do que qualquer atitude de bom senso.

✦ ✦ ✦

Um dia, em perseguição a um grupo que havia assaltado um supermercado, houve acirrada troca de tiros entre a polícia e os criminosos. Ao fim do confronto, quatro pessoas apontadas como integrantes do bando estavam mortas e uma gravemente ferida. Mas a que se encontrava ferida era um menino de apenas 11 anos e, segundo seus familiares, ele não fazia parte de quadrilha alguma.

O que se apurou mais tarde foi que o garoto havia ido à farmácia comprar remédio para a mãe, que estava com dor de cabeça, e fora feito refém pelos assaltantes ou procurara se proteger no lugar errado, no momento em que se iniciava a troca de tiros com os policiais.

Esse caso teve uma repercussão tão negativa, que até autoridades do mais alto escalão do governo estadual exigiram rigorosa apuração dos fatos e punição exemplar aos culpados pelo excesso. Entretanto, as investigações não correram com a celeridade exigida, mas os policiais envolvidos foram afastados das tarefas de rua, dentre eles Armando, que passou um longo período trabalhando em funções administrativas.

Agindo sob o impulso de uma estranha e irresistível força interior, Armando quis acompanhar de perto o tratamento médico a que o menino fora submetido e se sentiu profundamente tocado ao ver o sofrimento que provocara no pequeno inocente. Pela primeira vez, o rancoroso policial teve a consciência despertada para a gravidade de suas atitudes, vendeu alguns bens que possuía e ofereceu auxílio material à criança e aos familiares, que eram extremamente pobres.

Foi com amargura e remorso que Armando acompanhou a recuperação de sua vítima, que ocorrera apenas de modo parcial, pois o menino voltou ao convívio familiar com graves sequelas, dentre as quais uma irreversível lesão na coluna cervical que o manteria inválido para o resto da vida, limitando tanto as funções motoras quanto cerebrais.

Ao fim das investigações, tendo comprovado que o disparo que havia atingido a criança partira mesmo de sua arma, Armando não chegou a ser preso por força de uma dissimulada, porém eficiente, proteção político-administrativa e de um acordo firmado com familiares da vítima, envolvendo indenização financeira por parte do estado. Mas ele terminou expulso da corporação.

Porém, pior do que a humilhação e a perda do emprego, o que mais incomodava Armando eram as lembranças dos fatos ocorridos logo após a fatídica ocorrência. Em todos os momentos, flashes de cenas angustiantes como as da mãe do garoto chorando escandalosamente enquanto o filho era socorrido, referindo-se a ele como "maldito assassino" ficavam se reprisando em sua mente.

E essas imagens juntavam-se às lembranças de seu passado, quando ele, os irmãos e sua mãe pranteavam o assassinato de seu genitor, exigindo que o assassino daquele honesto pai de família fosse preso. O drama agora era parecido, mas Armando estava do outro lado da história. Dessa vez, ele era o algoz, o personagem odiado pelos familiares de sua pequena e indefesa vítima e por todos aqueles que tinham conhecimento daquela ocorrência tão revoltante.

Capítulo 13

Em busca de paz

"Habituai-vos a não censurar o que não podeis compreender, e crede que Deus é justo em todas as coisas."

E.S.E – cap. 5 – item 22

Embora convencido de não ter atirado deliberadamente na criança, e considerando o incidente como uma fatalidade, Armando não conseguia se livrar do sentimento de culpa que, aos poucos, ia ganhando vulto em sua consciência.

Em busca de paz ou do que fosse possível conseguir em termos de sossego, ele decidiu mudar de ares. Assim, juntamente com a esposa, acabou migrando para aquela pequena cidade, que pertencia a outra região do país, e onde ele era completamente desconhecido.

Dos três filhos que tinha, apenas o mais novo acompanhou o casal. Esse rapaz, apesar de ser casado e ter dois filhos, era muito apegado a Armando e jamais abandonara a casa paterna.

Desfazendo-se dos bens que possuía em sua cidade natal, o ex-policial arranjou dinheiro suficiente para comprar um sítio onde, com a ajuda da esposa, do filho, da nora e até mesmo dos dois netos que, apesar de novos já tinham condições físicas para manipular ferramentas, passou a viver do cultivo de laranja, fruta que sustentava a economia daquela região.

✦ ✦ ✦

Com o passar do tempo, perturbações mentais alusivas ao assassinato de seu pai e do tiro que atingira o menino foram se intensificando. Armando foi se tornando cada vez mais inquieto e passou a ter uma postura rigorosa dentro de casa. Tornou-se um censor rígido, ditando regras de conduta, inclusive no que dizia respeito às conversas, leituras, músicas e programas que podiam e os que não podiam ser assistidos na televisão.

Por isso ele se comportara daquele modo durante a discussão com João Carlos. Aliás, o jeito despojado como o rapaz se vestia, as tatuagens expostas em seus braços e o ponto de vista liberal de suas palavras incomodavam terrivelmente o ex-policial, que o considerava um tremendo mau exemplo aos servidores da Casa e não entendia por que Dirceu não o expulsava dali.

Anos antes, quando chegara à Casa Espírita em busca de auxílio, Armando estava sob a influência de obstinados obsessores espirituais, muitos deles vítimas de suas ações truculentas enquanto policial, e que tudo faziam para promover sua derrocada moral, tentando induzi-lo à loucura e ao suicídio.

Com Armando submetido à amorosa assistência, muitos dos inimigos espirituais que o assediavam receberam os benefícios do esclarecimento e da pacificação, deixando-o em paz e seguindo seus próprios caminhos em busca de ocupações mais úteis, convencidos de que suas próprias naturezas violentas os tornaram vítimas da violência, por intermédio da inevitável lei de atração.

Entretanto, a inclinação para o confronto e o autoritarismo, somados às décadas do ódio cultivado em seu coração fizeram com que o próprio Armando mantivesse ligado ao seu campo mental ao menos um obsessor, que se manifestava principalmente nos momentos em que ele deixava fluir seus maus instintos.

Mais uma vez me lembrei da sábia comparação do "homem novo" com a copa da árvore, cujos ramos se renovam sobre as velhas raízes do "homem velho".

— Esse Espírito que continua a assediá-lo é como um freio a limitar a impulsividade do nosso irmão – disse-me Ambrósio. — Mesmo depois de conhecer a Doutrina Espírita, estudá-la com afinco, descobrir sua condição de médium e de tornar-se voluntário a serviço do próximo, Armando continua refém de suas más inclinações morais.

Lançou para o médium um olhar de tolerância e completou:

— E é bastante natural que seja assim. Até porque, se fosse exigida perfeição moral do médium para trabalhar no bem, as casas espíritas estariam vazias de servidores. Afinal, encontrar Espíritos perfeitos em um mundo de expiações é o mesmo que encontrar inocentes em um presídio de segurança máxima ou pessoas sãs em um hospital para doentes terminais.

Compreendi perfeitamente a observação de Ambrósio nesse quesito, mas um detalhe em sua fala me intrigava e eu, mais uma vez correndo o risco de parecer pouco inteligente, precisei questionar:

— Você falou que um Espírito obsessor o assedia...

— Exatamente – ele confirmou com um movimento de cabeça. — E tem sido de grande serventia, pois o mantém em rédea curta, evitando que os instintos violentos do antigo policial voltem a dominá-lo.

— Sim. Isso eu entendi – respondi acenando a cabeça. — A minha dúvida é sobre aquela fila enorme de criaturas sombrias a encará-lo. Afinal, não se trata de um único obsessor?

Ambrósio abriu um largo sorriso.

— Não me surpreende a sua pergunta, amigo Basílio! Mas a dúvida só existe porque faltou agudeza à sua percepção. Volte a observar aquelas criaturas que desfilam pelo campo mental do nosso irmão Armando, mas faça-o com bastante atenção.

Obedeci, curioso, e o que observei tirou-me qualquer resquício de dúvida: não se tratava de uma fila real de obsessores, mas de uma procissão fictícia, criada por "projeções clonadas" de um único Espírito, com o intuito de parecer a Armando que se tratava de uma legião.

Notei isso quando, perscrutando cada semblante que o encarava, ficou claro que era sempre o mesmo sujeito. Assim como os personagens daquele interminável desfile, a cena também era sempre a mesma, apenas se repetindo como a imagem rebobinada de um velho filme, a confundir a mente já um tanto confusa do ex-policial.

— Há obsessores muito sagazes quando se trata de fazer maldades – disse Ambrósio, esboçando uma leve careta e balançando sutilmente a cabeça, como a reforçar a informação. — Por isso a advertência do apóstolo João em seu evangelho: "Caríssimos, não acrediteis em todos os Espíritos".

Capítulo 14
Violência e expiação

"Deus existe, e pune, nesta e na outra vida, os que não cumprem a lei do amor."

E.S.E – cap. 12 – item 10

Para esclarecer os fatos ocorridos com o ex-policial, Ambrósio contou-me o seguinte: Armando e seu pai possuíam um histórico de vida muito ligado a assassinatos, principalmente por conta das inúmeras guerras de que participaram, o que lhes desenvolveu na alma certo gosto pela violência. Em suas últimas reencarnações, os dois viveram sempre juntos e isso acabou criando um forte laço de simpatia entre eles.

Na última experiência terrena, os dois companheiros de aventuras fizeram parte de um grupo de cangaceiros que praticaram muitas atrocidades na região nordeste do Brasil. Entretanto, eles não se consideravam algozes, mas heróis, uma vez que seus ataques eram quase sempre direcionados às pessoas ricas e parte do que arrecadavam com os roubos praticados era distribuída entre os miseráveis.

Em nome dessa suposta justiça "robin-hoodiana", assaltos, sequestros, agressões e assassinatos foram cometidos sem grandes preocupações pelo bando arruaceiro, com a justificativa de que o fim justificava os meios.

Ocorre que, após o desencarne de ambos, ocorrido durante um confronto com a polícia, o retorno ao plano espiritual foi eivado de tristeza e sofrimento. Na verdade, o cenário de dor e desolação encontrado na pátria de origem já ocorrera nas vezes anteriores em que eles para lá retornavam, mas dessa vez o incômodo era imensamente maior; algo em seu interior lhes provocava grande inquietação.

O que ocorria era tão somente o despertamento de suas consciências para o cumprimento das leis universais. Apesar de toda a violência que envolvera suas vidas naquela encarnação, houve também ali os primeiros sinais de entendimento sobre a existência de Deus e os ensinamentos de Jesus a respeito do amor ao próximo.

Essas diretrizes lhes foram apresentadas por um bondoso padre, bastante conhecido e querido na localidade. Ao contrário da maioria dos religiosos, que condenavam radicalmente os homens violentos, esse padre pregava a caridade do perdão e da indulgência para com os criminosos.

— Jesus disse para amar a todos e não apenas aos aparentemente brandos e honestos – ele dizia. — O homem violento é apenas uma vítima da ignorância e da imaturidade. Uma vez conscientizado sobre a importância de se cultivar a paz, será reintegrado ao rebanho pacífico e produtivo do Bom Pastor, que jamais abandona suas ovelhas.

Os dois companheiros gostavam de ouvir as passagens bíblicas que o padre lhes contava e, aos poucos, ainda que sem perceber, iam recebendo os eflúvios iluminados da instrução espiritual que deveria iniciar um processo de transformação moral em suas vidas.

Assim, depois de prolongado e doloroso período de estagnação no plano espiritual, foram conclamados ao cumprimento das leis gravadas em sua própria consciência. A reencarnação fazia-se necessária e, por força do remorso que começava a incomodá-los, iniciariam também um processo de expiação mais consciente do que nas vezes anteriores.

Foi definido que reencarnariam como pai e filho e passariam pela provação da violência e da orfandade, em cumprimento à lei de causa e efeito: "quem fere pela espada, pela espada será ferido". Por essa razão, o pai de Armando fora assassinado, deixando o rapazinho órfão ainda na adolescência. Ambos experimentavam agora um tipo de sofrimento que haviam causado há tantas pessoas, no transcorrer da encarnação anterior.

Entretanto, protegido pela lei do esquecimento, sem entender o motivo de tamanha "injustiça", Armando se revoltou contra o assassinato do pai, colocou-se na condição de vítima e decidiu assumir o papel de vingador, tornando-se um policial violento e inconsequente. Desse modo, ele voltou a repetir o mesmo erro do passado, deixando-se dominar pelos milenares instintos do homem agressivo moldado em sua natureza primitiva.

Enquanto Armando cometia seus desatinos na Terra, no plano espiritual, o pai, que aceitara pacificamente o processo de expiação a que fora submetido, ciente de que se referia à aplicação das leis divinas, implorou pela oportunidade de auxiliar o filho, vindo em seu socorro, de modo a aliviar a gravidade de suas tresloucadas atitudes.

Assim, foi permitido que o homem que fora pai de Armando reencarnasse em condições adversas, vindo à Terra no corpo de um menino franzino, tendo por mãe uma mulher doente e uma família que vivia na mais absoluta miséria.

Aos 11 anos, esse menino precisou ir à farmácia comprar remédio para a mãe, depois de haver ganhado algum dinheiro esmolando pelas ruas da cidade. Quando voltava para casa, deparou-se com a perseguição que os policiais empreendiam contra os ladrões que tinham acabado de cometer um assalto.

Ao ouvir os primeiros tiros, o garotinho tentou se esconder atrás de uns caixotes de madeira que estavam empilhados sobre a calçada, mas acabou atingido por um projétil que, mais tarde, soube-se ter partido do revólver usado por Armando.

✦ ✦ ✦

Ouvi a narrativa de Ambrósio com muita atenção. Ao final, encarei-o com seriedade e disse:

— Meu Deus! O perfeito funcionamento das leis universais está sempre surpreendendo. Então o menino que foi ferido por Armando e provocou uma significativa mudança de postura em sua vida...

— Foi o pai que ele havia perdido décadas atrás – completou Ambrósio. — O sacrifício desse Espírito não foi em vão, pois embora Armando não tenha se despojado de seus maus instintos, passou a ter uma vida mais condizente com o que havia proposto para esta encarnação. E isso só se tornou possível por conta do remorso que passou a sentir depois de ter atirado numa criança indefesa e inocente.

Fiquei refletindo sobre aquela história, imaginando como estaria vivendo o garoto ferido, quando Ambrósio antecipou-me a resposta:

— Além de ajudar Armando a abandonar a vida de crimes que vinha tendo, o garoto auxiliou também os seus familiares a saírem da miséria, pois passou a ter uma renda fixa, uma vez que foi indenizado pelo estado.

— Mas ele ficou paralítico – observei.

— Sim – confirmou Ambrósio. — E esse contratempo nada mais é do que parte do processo expiatório desencadeado em sua consciência, depois que ele tomou conhecimento sobre a necessidade de colher os frutos amargos do próprio plantio.

Ambrósio lançou-me um olhar triste e explicou:

— O rapaz que vive hoje em uma cadeira de rodas, na qual estará até o fim de sua encarnação, tem utilizado a atual experiência na carne para expiar sofrimentos semelhantes aos que provocou em outras pessoas, no período em que viveu como cangaceiro. E ele está se saindo muito bem, pois, apesar de submetido à lei do esquecimento, algo lhe diz que não há injustiças no mundo. Por isso, não se revolta e não guarda mágoas de ninguém, nem mesmo do policial responsável por sua infelicidade.

Mais uma vez fiquei pensando em como é perfeito o funcionamento das leis naturais, que fazem importantes e graves processos corretivos no campo moral parecerem simples ocorrências fortuitas aos olhos de quem os encara com a limitação dos sentidos físicos.

E mais uma vez, demonstrando haver captado minhas reflexões, Ambrósio aduziu:

— "Nem uma folha cai do galho de uma árvore, se não for da vontade de Deus", amigo Basílio. Não foi isso que Jesus nos disse?

— É verdade – respondi. — No entanto, uma coisa é ouvir o que o Mestre disse e outra muito diferente é compreender-lhe o real significado e ajustá-lo à realidade do nosso dia a dia.

Ambrósio sorriu.

— Um dia chegaremos lá, meu amigo!

E voltamos a nos silenciar, absorvendo as energias salutares do ambiente de caridade e aprendizado em que nos encontrávamos.

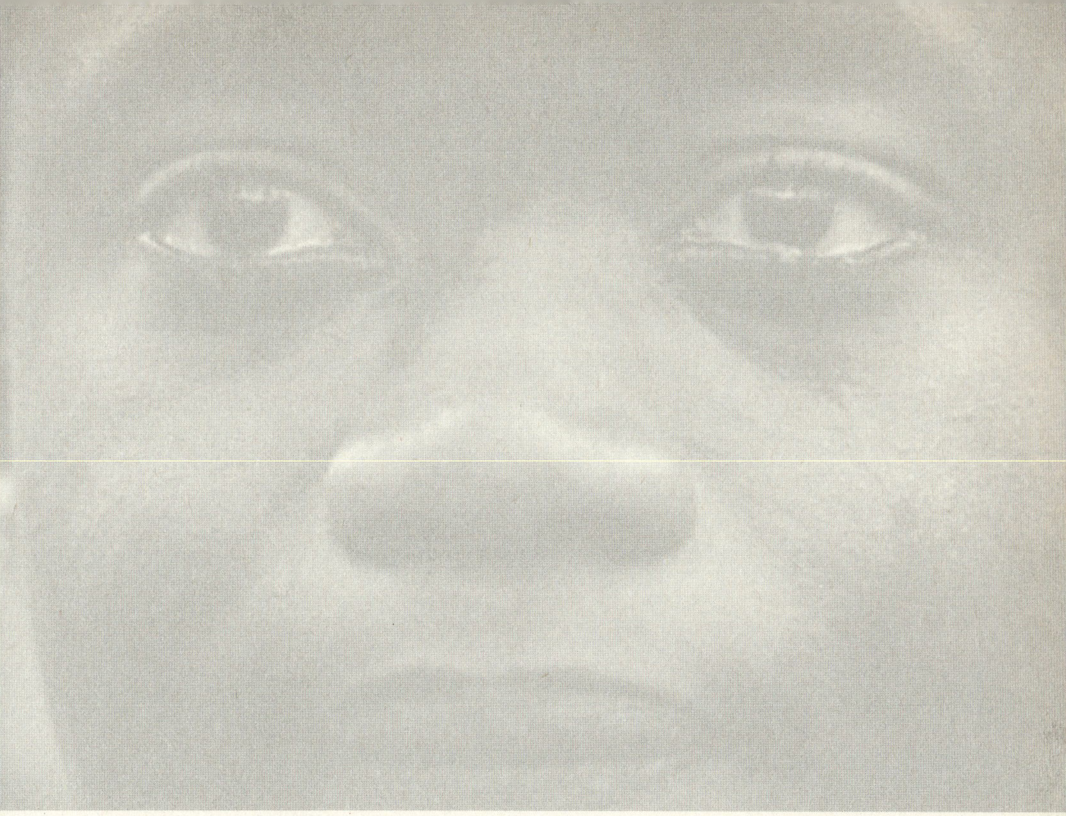

Capítulo 15

Espera e esperanças

"Eu vos digo que aquele que sofre e que tiver a fé como apoio, será colocado sob a proteção de Deus e não sofrerá mais."

E.S.E – cap. 5 – item 19

A recuperação de Ambrósio foi demasiadamente prolongada e dolorosa. Somava-se às dores físicas a saudade da mãe, cuja ausência o velho curandeiro já não tinha mais o que inventar para justificar. Na verdade, as fugas de Anacleta daquela fazenda e de Jovino da propriedade de seu dono já haviam causado grande alvoroço na região. Finalmente, o envolvimento dos dois tornara-se de conhecimento público.

Ocorre que, ao dar pela falta de Anacleta, Antonino iniciou um severo processo de investigação, fazendo com que, sob ameaças, alguns escravos acabassem revelando os encontros que os dois mantinham às escondidas desde o nascimento de Ambrósio.

Assim, os dois fazendeiros iniciaram um movimento para tentar recuperar os escravos fugitivos e, de quebra, exterminar o tal quilombo que andava acolhendo negros fujões de várias propriedades e ganhando ameaçadora força de resistência.

Com a adesão de destacamentos policiais, capitães do mato e homens contratados exclusivamente para aquela finalidade, uma imensa equipe armada empreendeu buscas, tentando localizar a comunidade clandestina. Porém, todos tinham ciência de que a empreitada não seria nada fácil e não havia a menor garantia de sucesso.

Além da imensa dificuldade para localizar os fugitivos, era certo que haveria forte resistência por parte destes e que um combate seria inevitável, caso encontrassem o tal lugar onde eles se escondiam.

Mas nada daquilo chegava ao conhecimento de Ambrósio. Em parte, porque o próprio Inácio, única pessoa com quem ele mantinha contato naquele período, tinha pouquíssimas informações sobre o que acontecia na fazenda; em parte, porque procurava mesmo poupar o menino das poucas notícias que lhe chegavam ao conhecimento.

Foi um período bastante amargo para o pequeno escravo que chorava dia e noite; tanto pelas dores físicas que experimentava enquanto seu organismo lentamente se recuperava, quanto pela imensa saudade que sentia da genitora. Era comum sonhar com ela quase todas as noites e, nesses sonhos, via-se aconchegado ao colo materno, recebendo o carinho e os cuidados que Anacleta sempre lhe dedicara.

Ele não conseguia compreender por que a mãe o havia abandonado. Inácio ainda não o informara sobre a fuga, pois achava que isso faria aumentar ainda mais o seu sofrimento. Na mente do menino, Anacleta estava ali bem próxima, pois a senzala ficava a poucos minutos de caminhada do casebre de nhô Inácio. Por isso, chegou à conclusão de que ela havia ficado com raiva por ele ter se machucado fazendo peraltices e resolvera castigá-lo, privando-o de sua presença.

Com o passar do tempo, devido à dedicação integral do curandeiro à sua recuperação, as dores foram se abrandando, as feridas do corpo foram criando cicatrizes, mas a ferida na alma, provocada pelo abandono materno, mantinha-se viva e latente.

✦ ✦ ✦

A temporada que Ambrósio passou ao lado de Inácio foi de grandes e importantes aprendizados. O curandeiro não era de falar muito, mas o pouco que dizia estava sempre recheado de amor e sabedoria. Ele falava sobre Deus de uma forma que despertava a curiosidade do menino, que o bombardeava de perguntas sobre a origem do mundo, dos animais e das pessoas.

— Tudo o que existe foi criado por Ele – disse Inácio em uma de suas conversas, apontando para o alto.

— Mas, afinal, Ele é mesmo bom e justo? – perguntou Ambrósio, sempre curioso.

O velho negro deu um profundo suspiro e exclamou:

— Ele é maravilhoso!

— Então por que faz a gente sofrer? – questionou o rapazinho com ar de birra.

O curandeiro o olhou cheio de ternura e respondeu:

— Deus não faz ninguém sofrer, meu filho. Somos nós que buscamos o próprio sofrimento. Você, por exemplo, está enfrentando essas dores porque foi descuidado ao subir na árvore. Não foi Deus que lhe derrubou de lá. Ou será que foi?

O menino meneou a cabeça, admitindo a própria culpa.

— Mas não é só disso que eu estou falando. Eu acho que minha mãe não deveria ter me abandonado, pois ela também acredita em Deus e diz que Ele é bom e justo...

Ambrósio pensou por um momento e perguntou:

— Como pode uma pessoa que ama um Deus bom e justo não ser boa com o próprio filho?

Ao dizer essas palavras, a voz do menino estava embargada e seus olhos inundados de lágrimas. Inácio se compadeceu, aproximou-se e o envolveu em um terno abraço.

— Está bem, meu filho. Eu havia prometido não contar nada a ninguém, mas acho que chegou a hora de você saber a verdade.

Ambrósio secou os olhos com o dorso das mãos e o olhou curioso.

— Verdade sobre o quê?

— Sobre a sua mãe. Acontece que ela não está mais na fazenda. Ela e o Jovino fugiram.

E, diante de um espantado Ambrósio, contou toda a história, explicando que Anacleta havia engravidado e que por isso, ela e o pai da criança tiveram que fugir.

— E por que minha mãe engravidou? – o menino perguntou, tentando ajuntar os fragmentos de dúvidas que não se encaixavam em sua cabecinha.

— Porque os dois se amam – respondeu Inácio tentando acalmar a tormenta que ia pela alma do rapazinho.

— E por que precisaram fugir?

— Porque sua mãe não podia engravidar sem a ordem do fazendeiro que é dono de todos nós. Se ficasse na fazenda, tanto ela quanto Jovino poderiam sofrer muitos castigos. Talvez fossem até enforcados para servir de exemplo aos outros.

Ambrósio fez um breve silêncio, depois voltou a perguntar com voz de choro:

— E por que não me levaram com eles?

Inácio o abraçou ainda mais forte.

— Porque a fuga ocorreu no dia que você sofreu o acidente. Sua mãe queria desistir, mas não tinha como voltar atrás. Assim como não tinha também como levá-lo junto. Você estava muito ferido e acabaria morrendo durante a longa e penosa viagem que iriam fazer.

Ambrósio liberou por fim o pranto que lhe sufocava o peito e depois de longo tempo, concluiu:

— Então a culpa por não ter ido com eles foi minha também... Se eu não tivesse caído da árvore, eles não teriam me deixado aqui.

Inácio segurou no queixo do menino delicadamente, ergueu-lhe o rosto, mirou-lhe os olhinhos lacrimosos e disse quase num sussurro:

— Meu filho, não se sinta tão culpado. Eu tenho certeza de que se você soubesse que iria se acidentar, não teria subido tão alto naquela árvore. Sua mãe o ama muito e ficou com o coração partido por lhe deixar para trás, mas ela não pôde fazer nada naquele momento. Porém, eu tenho certeza de que o Jovino virá resgatá-lo. Eles só estão esperando você ficar em condições de viajar.

Essas palavras tiveram um efeito surpreendente sobre Ambrósio. Ainda com os olhos marejados, abriu um largo sorriso, uma luz intensa pareceu iluminar-lhe o semblante e ele perguntou:

— Tem certeza de que o Jovino virá me buscar? Que me levará para viver junto de minha mãe?

Inácio acenou positivamente e disse com determinação:

— Tenho toda a certeza do mundo. Você voltará a viver com a sua mãe e terá também ao seu lado o irmãozinho que ela estava esperando quando partiu. Contará ainda com a companhia de Jovino, o pai que o ama e que se orgulha muito por tê-lo como filho.

E o curandeiro o encarou ainda mais de perto e perguntou:

— Sabe por quê?

Ambrósio sinalizou negativamente e o negro velho respondeu com a voz trêmula pela emoção:

— Deus não deixa as pessoas que se amam separadas por muito tempo, porque a união das verdadeiras famílias também possui a eternidade da vida!

E havia tanta convicção nas palavras de Inácio, que Ambrósio não ousou duvidar nem por um momento de que elas estavam carregadas de verdade. A partir daquele dia, a tristeza e a revolta foram substituídas pela certeza de que dias melhores o aguardava; a espera e a esperança passaram a fazer parte de seus sonhos. Já não havia dúvidas em seu coração de que Deus, sendo justo e bom, haveria de permitir que ele se juntasse à família e desfrutasse de um tempo de grandes alegrias.

Capítulo 16

Sexo e desequilíbrios

"Os inimigos do mundo invisível manifestam sua malevolência pelas obsessões e subjugações, a que tantas pessoas estão expostas."

E.S.E – cap. 12 – item 6

No campo mental de João Carlos, o desequilíbrio não era muito diferente do que ocorria com Claudete e Armando. A única diferença é que nele os distúrbios se desencadeavam no terreno da sexualidade desenfreada. O jovem estava totalmente enovelado em pensamentos sensuais, dos quais tentava fugir sem lograr êxito, à semelhança de alguém que reluta para sair de um pântano, mas que só consegue se chafurdar ainda mais a cada movimento.

— Este nosso irmão enfrenta conflitos terríveis por conta dos desarranjos que experimentou até bem pouco tempo – explicou Ambrósio, com sua voz sempre amorosa e compassiva. — Nascido dentro de um prostíbulo, foi abandonado pela mãe um mês após o parto e acabou sendo criado pela proprietária do bordel, uma francesa chamada Madeleine, que vivia no Brasil há muitos anos. Essa mulher, já em idade avançada quando do nascimento do menino, ofereceu-lhe conforto material, mas cobrou um preço alto pelo favorecimento, pois bem cedo o transformou em uma espécie de atração de luxo, para atender aos interesses de homens e mulheres que se dispusessem a pagar para tê-lo à disposição.

E Ambrósio prosseguiu, dizendo que João Carlos, desde a adolescência, passara por vários tipos de experiências no campo da sexualidade, tendo se tornado também alcoólatra inveterado, numa tentativa desesperada de fugir da triste realidade em que sua vida se transformara, por meio do entorpecimento provocado pelo alcoolismo.

Aos vinte e poucos anos, o rapaz já estava cansado de tudo aquilo e desenvolveu grande ojeriza pelo que era obrigado a fazer. Assim, tomou a decisão de romper relações com a anfitriã, deixando-a revoltada com o que classificou de "imperdoável ingratidão de seu filho adotivo".

O rapaz ganhou o mundo e percorreu muitas estradas, fixando-se às vezes em alguma cidade, na tentativa de enraizar-se. Porém, sem um ofício compatível com o tipo de vida honesto que decidira ter desde que se livrara das garras de Madeleine, acabava, por força das necessidades, recaindo na antiga rotina da prostituição e do vício.

Não demorava muito e surgiam situações que o obrigavam a retomar a jornada incerta, ou então a própria repulsa que sentia de si mesmo o levava a fugir cada vez para mais longe, sempre alimentando a ilusão de que o problema estava nos lugares externos e não na intimidade de seu ser.

João Carlos custou a entender que, para qualquer lugar que fosse, a insatisfação iria junto, pois estava arraigada à sua própria natureza. Durante essas peregrinações, encontrou um dos frequentadores do prostíbulo de Madeleine que lhe informou sobre a morte da cafetina. Disse que ela sucumbira bastante revoltada, repetindo o nome do rapaz e queixando-se de sua imperdoável rebeldia.

✦ ✦ ✦

Depois de três anos de peregrinação, João Carlos chegou àquele município, onde encontrou um pouco de paz de espírito e decidiu permanecer. Para sobreviver, arranjou trabalho como lavrador e juntou algumas economias com as quais alugou um pequeno salão comercial na rua central da cidade e montou uma loja de variedades.

Abastecendo o estabelecimento com novidades adquiridas na capital, o rapaz prosperou, pois tinha um gosto refinado ao comprar principalmente artigos femininos como perfumes, bijuterias, cosméticos e adornos. Não demorou muito para que tivesse de ampliar a loja e contratar funcionários para atender à demanda.

O que incomodava João Carlos era a forte ligação com o passado, que às vezes o fazia sentir repulsa e, outras vezes, despertava-lhe um inexplicável desejo de revivê-lo. Era uma luta intensa consigo mesmo, uma batalha que não o deixava em paz um dia sequer e que, em algumas ocasiões, deixava óbvio que o vencera, provocando comentários maliciosos sobre os trejeitos que denunciavam um comportamento considerado inaceitável no campo da sensualidade. Além disso, a propensão para o consumo exagerado de bebidas alcoólicas, cultivada por tanto tempo, não estava totalmente superada.

De vez em quando, João Carlos voltava a beber e, embriagado, tornava-se presa fácil de entidades desequilibradas que dele se aproximavam por afinidades e o subjugavam de forma impiedosa. Nesses momentos, ele promovia episódios constrangedores, muitas vezes realizados em estado de semiconsciência.

Quando retomava a sobriedade, tinha apenas uma vaga noção do que ocorrera e, em alguns casos, dependendo do grau de influenciação exercida sobre ele pelos Espíritos desajustados, não conseguia se lembrar de nada. Mas sempre havia alguém a denunciar seus modos e o jovem comerciante chegou inclusive a ser agredido fisicamente por pessoas que se sentiram aviltadas por seu comportamento inadequado.

Como a cidade era pequena, os bochichos logo se espalhavam, fazendo com que ele se sentisse excluído de ambientes tidos como respeitáveis e que eram frequentados pelos cidadãos mais conservadores; os chamados "defensores da moral e dos bons costumes".

A sorte é que seu talento para o comércio era bem maior do que a má fama e, pelo menos em termos de negócios, ninguém conseguiu prejudicá-lo substancialmente.

✦ ✦ ✦

Uma noite, após apagar o abajur e preparar-se para dormir, no pequeno apartamento onde morava solitariamente, João Carlos ouviu os gritos histéricos de uma mulher que o amaldiçoava:

— Joãozinho, seu ingrato! Por que me abandonou, criatura maldita? O dia que eu lhe encontrar, você vai me pagar! Ah, se vai!

O rapaz reacendeu a lâmpada e ficou tentando localizar de onde surgiam os gritos, mas teve a impressão de que eles ocorriam internamente, dentro de sua própria cabeça. Enquanto se mantinha naquela confusa procura, percebeu um vulto passar diante de seus olhos e dissipar-se tão rápido quando surgira. Forte lembrança de Madeleine o assaltou naquele momento e ele ficou muito assustado.

João Carlos encolheu-se todo, embrulhou-se nos cobertores e por um momento pensou em rezar. Então se lembrou de que não acreditava em Deus e não sabia fazer orações, pois ninguém o havia ensinado. Na verdade, com uma existência tão conturbada, sempre assaltada por situações revoltantes, ele nunca havia parado para pensar em questões espirituais. Não podia crer na existência de um ser superior que deveria protegê-lo, mas que sempre o deixava à mercê de tanta desgraça.

E vieram-lhe à mente as imagens da infância conturbada, desprovida de valores afetivos, e dos anos de exploração a que fora relegado a partir da adolescência, as sevícias a que tivera de se submeter para satisfazer interesses que não lhe diziam respeito...

Lágrimas de revolta e tristeza banharam-lhe a face precocemente vincada por rugas que sugeriam uma idade bem mais avançada do que a que realmente possuía. E, apesar dos comprimidos que havia tomado para dormir, passou a noite em claro e viu o dia amanhecer sem conseguir fechar os olhos.

A partir daquela noite, a presença da francesa desencarnada se tornou constante em sua vida. Madeleine aparecia nas horas mais impróprias e o perturbava com suas aparições, sempre com o dedo em riste, acusando-o não apenas do que considerava a ingratidão do abandono, mas de graves crimes que o rapaz jamais imaginou haver praticado e que a tinham prejudicado imensamente.

Capítulo 17

Encontrando auxílio

"Deixai vir a mim todos os sofredores, a multidão dos aflitos e dos infelizes, e eu lhes darei o grande remédio para os males da vida, revelando-lhes o segredo da cura de suas feridas."

E.S.E – cap. 8 – item 19

Dentre os funcionários que trabalhavam na loja de João Carlos havia uma jovem chamada Cibele, que tinha grande simpatia por ele. Aliás, como patrão ninguém tinha do que se queixar do comerciante, pois seu comportamento era exemplar. Muito educado e atencioso, tratava a todos com respeito e dignidade.

Cibele possuía claras faculdades mediúnicas e, desde menina, levada pelos pais que eram simpáticos ao espiritismo, frequentava o Centro Espírita dirigido por Dirceu. Assim, desde o momento em que conheceu o patrão, notou as perturbações que o assaltavam e teve vontade de ajudá-lo, mas ficou receosa de tocar naquele delicado assunto.

Porém, com o passar do tempo, ocorreu uma aproximação natural entre os dois. Cibele conquistou a confiança de João Carlos e a relação entre eles extrapolou o âmbito profissional.

Tornaram-se realmente amigos, pois possuíam afinidades em muitos aspectos e passaram a sair juntos de vez em quando, principalmente no sábado à tarde, já que a loja funcionava apenas em meio expediente nesse dia, e os dois costumavam almoçar juntos em um restaurante que ficava no mesmo quarteirão.

Em um daqueles sábados, enquanto aguardavam atendimento, um homem maltrapilho invadiu o restaurante e pediu comida. A reação de um dos funcionários foi bastante grosseira. Ele segurou o pedinte pela gola da blusa encardida e o arrastou para fora, enquanto o homem repetia com voz de choro:

— Calma, moço! Calma! Eu estou com fome... Me dá alguma coisa pra comer que eu vou embora. Não precisa me agredir...

Cibele interferiu, pedindo ao garçom que servisse aquele homem, pois ela iria pagar a despesa.

— Não posso mantê-lo aqui – disse o funcionário do restaurante. — Ele está fedendo e vai incomodar os outros clientes.

Então ela pediu que a comida fosse colocada em uma vasilha descartável e a entregou ao pedinte que, depois de ter sido expulso, ficara sentado na calçada em frente, com a sensação de fome estampada claramente em seu triste semblante. Ao receber o alimento, ele ergueu os olhos para Cibele e, secando as lágrimas que lhe escorriam pelo rosto, agradeceu:

— Deus lhe pague, moça! Deus lhe dê muita saúde!

Cibele retribuiu com um sorriso e lhe desejou o mesmo. O pedinte se levantou e encaminhou-se para uma pequena praça próxima dali, onde pretendia matar a fome sob a sombra de uma florida quaresmeira.

A moça retornou para a mesa onde João Carlos acompanhava em silêncio os seus gestos. Antes de sentar-se, ela olhou através do vidro da porta e, vendo o pedinte que naquele momento atravessava a rua, repetiu em voz baixa:

— Vai em paz, meu senhor! Que Deus o abençoe!

João Carlos a olhou com desdém e perguntou laconicamente:

— Deus? Você acredita na existência de Deus?

— E por que não? – Cibele respondeu com outra pergunta.

Ele movimentou os ombros e estirou os lábios.

— Porque, se Ele existisse, deveria ser bom e justo. Não é isso que dizem?

— Mas Ele é bom e justo – ela respondeu com muita naturalidade.

— Então, por que permite que pessoas passem fome, como esse homem que acabou de ser expulso daqui e que só vai se alimentar graças à sua generosidade?

Ela sorriu, olhou nos olhos dele e disse:

— Deus permite que aconteça, porque tudo tem a sua razão de ser. Além disso, a minha generosidade é a vontade d'Ele se manifestando em mim.

João Carlos fez uma expressão que sugeria falta de entendimento e Cibele explicou:

— Olha, meu amigo! Sem conhecer minimamente o funcionamento de leis universais como, por exemplo, a de causa e efeito, fica difícil entender a razão de o sofrimento fazer parte da existência humana. Tudo o que posso lhe dizer em relação a Deus é que a presença d'Ele em minha vida é motivo de imensa felicidade. Ele é o meu porto seguro, a minha paz, a razão de tudo para mim.

— Minha nossa! – João Carlos exclamou. — De onde vem tanta convicção?

— Da certeza de que Ele existe.

— E de onde vem a certeza de que Ele existe?

— Essa é uma boa pergunta – a moça disse com um suspiro. — Mas não tenho uma resposta única e elucidativa para ela.

Cibele segurou a mão de João Carlos, olhou-o com ternura e completou:

— A única coisa que posso lhe garantir, meu querido, é que tenho muita pena das pessoas que não conseguem ter essa certeza. Uma alma sem fé é uma alma vazia, sem norte, sem grandes perspectivas, pois sua visão é demasiadamente estreita e... Triste, muito triste!

Ele sustentou aquele olhar por algum tempo, antes de se esquivar. Depois de um longo silêncio, indagou:

— Você está me dizendo que acreditar em Deus torna as pessoas mais felizes?

Ela voltou a sorrir.

— Posso lhe garantir que todas as pessoas que eu conheço e que têm fé em Deus são mais felizes dos que as que lhe negam a existência.

Ele voltou a silenciar, parecendo fazer um rápido balanço sobre a própria vida. Puxou as mãos de Cibele até seus lábios, beijou-as suavemente e pediu com a voz embargada e os olhos umedecidos pela emoção:

— Minha amiga! Confesso que sempre admirei a sua alegria contagiante; a maneira otimista como você encara a vida. Por favor, me ensine a ter essa mesma fé. Me mostre como ser feliz, como encarar o mundo com esse mesmo olhar otimista, com essa positividade.

Cibele o olhou com ternura e seus olhos também ficaram marejados. Finalmente encontrara abertura para ajudar João Carlos a se livrar, em parte, daquele sofrimento. E ajudaria também Madeleine que, postada ao lado do rapaz, encarava os dois com seus olhos embotados pela demência, avessa ao importante diálogo que ali era travado.

✦ ✦ ✦

Foi assim que João Carlos chegou ao Centro Espírita, onde encontrou os esclarecimentos de que necessitava para começar a compreender que o amor e a justiça divinas são muito mais relevantes do que as ilusórias benesses angariadas no campo material. Que os benefícios concedidos por Deus são imorredouros e não temporários, sendo infinitamente mais prazerosos que as alegrias terrenas.

O comerciante tornou-se estudioso da Doutrina Espírita e desenvolveu sua mediunidade – caridosa ferramenta com a qual deveria prestar auxílio àqueles que, assim como ele, chegavam à Casa fraterna em busca de esclarecimento, amparo e cura das mazelas que lhes infligiam grande sofrimento.

Quando Cibele se casou e mudou de cidade, João Carlos já estava inserido nas atividades da instituição. Com isso, ele se fortaleceu moralmente, libertando-se em parte da influenciação das entidades desequilibradas que o assediavam, passou a ter um comportamento mais digno e conseguiu superar o alcoolismo. Ou seja, aparentemente sua vida havia entrado nos eixos. Então, por que se mostrara tão revoltado durante a discussão com Armando?

Essa era a pergunta que eu me fazia mentalmente, quando Ambrósio esclareceu:

— Amigo Basílio, este rapaz superou o processo da obsessão externa, mas não consegue se libertar da auto-obsessão. Ele não se perdoa pelas recaídas que teve depois de se julgar livre dos vícios do passado e acabou se tornando um impiedoso credor de si mesmo. João Carlos vive um grande conflito, pois mantém uma ferida aberta em sua alma que sangra ao menor contratempo.

— Quer dizer, contratempo como as palavras do Armando ao censurar o que considera inadequado nos canais de TV? – perguntei.

— Exatamente – Ambrósio confirmou. — Mas esse comportamento não é uma característica exclusiva do João Carlos. Cada um dos três médiuns que estamos observando tem essa mesma postura. A questão é que um, tentando abrandar os seus complexos, condena o que vê como defeito no outro, como se dissesse: "Eu tenho os meus defeitos, mas os do fulano são piores que os meus".

— Meu Deus! – exclamei enquanto analisava os fatos. — Tudo isso é verdade, amigo Ambrósio. Há pessoas que sentem certo alívio ao ver aqueles que são portadores de vícios e desajustes que estão aparentemente superados por elas, porém se sentem constrangidas quando alguém classifica como graves defeitos atitudes e sentimentos que ainda possuem.

E mais uma vez a metáfora da copa e da raiz se encaixava perfeitamente em nossas observações.

— É a vida, meu querido... É a vida – Ambrósio repetiu, batendo levemente em meu ombro. — Isso apenas prova que ainda temos muito que aprender, inclusive com os nossos próprios erros. Mas aprender não significa martirizar-se, pois o autoflagelo é mais um equívoco que virá se juntar aos tantos que já cometemos. Autopunição representa acúmulo de defeitos e nunca uma solução para eles.

E para que eu me inteirasse dos pormenores da tumultuada ligação entre João Carlos e Madeleine, Ambrósio falou-me sobre a história que os envolvia.

Capítulo 18

Ilusão e desencanto

"Nas pequenas como nas grandes coisas, o homem é sempre punido naquilo em que pecou. Os sofrimentos consequentes são uma advertência de que ele andou mal."

E.S.E – cap. 5 – item 5

Madeleine era uma jovem ingênua e romântica, que vivia com os pais, humildes lavradores, em um bucólico vilarejo no interior da França. Como praticamente todas as moças de sua idade, vivia sonhando com a felicidade que deveria surgir a partir do momento em que aparecesse em sua vida o "príncipe encantado" com quem haveria de se casar e ser eternamente feliz.

Quando conheceu Adrien, aos 17 anos, Madeleine teve certeza de que ele era essa pessoa. Dez anos mais velho do que ela, bonito, elegante e inteligente, nascido e criado em Paris, o rapaz disse que era comerciante no ramo de tecidos e que estava em busca de lugares onde pudesse instalar filiais de sua loja, razão pela qual fora parar naquele distante lugarejo.

A presença de Adrien na pequena cidade despertou a atenção de toda a comunidade, mas o olhar do rapaz voltou-se unicamente para aquela jovem belíssima que ele fez de tudo para conquistar. Naturalmente, essa conquista precisaria passar pela avaliação dos pais de Madeleine, que perceberam qualquer coisa de suspeito naquela história e reprovaram a ideia do namoro.

A atitude dos pais despertou o inconformismo da moça e fez com que ela se rebelasse contra eles. Assim, em uma madrugada, Madeleine fugiu de casa, encontrou-se com Adrien que a esperava na estação ferroviária, pois a fuga estava previamente planejada, e os dois embarcaram no primeiro trem que deixou a cidade.

Durante uma semana viajaram por diversos lugares, sem destino certo, aproveitando ao máximo a improvisada lua de mel. Para Madeleine foi um tempo de grandes alegrias e descobertas. A cada dia que passava, sentia-se mais apaixonada por aquele belíssimo homem e convencia-se de ter tomado a atitude mais correta ao deixar a casa paterna, onde lhe irritava o excesso de zelo.

O fim daquela aventura foi em Paris. Ali, Adrien apresentou Madeleine a Jean, um homem de cabelos grisalhos e olhar frio, dizendo que era seu sócio e grande amigo.

— Eu vou precisar me ausentar por um tempo, para tratar de negócios e Jean irá hospedá-la – disse Adrien. — Não se preocupe, pois estará em boas mãos.

Um pouco confusa, mas sem perceber maldade na atitude do homem amado, a jovem acedeu com um sorriso ingênuo, sem saber que a partir daquele momento sua vida se transformaria em um inferno.

Ocorre que Jean era dono de um grande prostíbulo localizado num bairro sórdido da cidade-luz e Adrien era encarregado de captar mulheres que se tornavam cativas, sendo obrigadas a se prostituírem sob ameaça, coação e até mesmo agressão física. O golpe aplicado em Madeleine já fora usado algumas vezes e quase sempre dera certo.

Assim a jovem camponesa tornou-se prisioneira de Jean, ficando sem se alimentar até que, vencida pela fome, aceitou se submeter às exigências do dono do prostíbulo e passou a fazer parte do grupo de meretrizes que ali atuava.

Jean, experiente e inescrupuloso, sabia que o período entre a revolta e a resignação era relativamente curto para aquelas mulheres. A maioria delas não teria para onde voltar depois de ter passado ao menos uma noite no prostíbulo, principalmente aquelas que, enfeitiçadas pela bela aparência e pelas falsas promessas de Adrien, haviam rompido relações com os familiares para acompanhá-lo sem a autorização dos pais. Assim, em pouco tempo adaptavam-se à vida de meretriz e acabavam até se apegando às regalias que ali desfrutavam.

E foi exatamente isso que ocorreu a Madeleine. Com o tempo, ela acabou se acostumando àquela vida e desenvolveu uma ambição desmedida por bens materiais. Isso fez com que passasse a observar Jean, estudando um meio de angariar parte dos lucros que o via acumular com o rentável negócio.

Porém, a mágoa que Madeleine nutria por Adrien só fazia crescer e ela começou a elaborar um plano para se vingar dele. Assim, buscando unir o útil ao agradável, aproximou-se de Jean e, pondo em prática todo o poder de persuasão que desenvolvera nos últimos tempos, acabou por conquistar-lhe a confiança e os dois se tornaram bem íntimos.

Um dia, em meio a uma conversa reservada com o dono do prostíbulo, ela perguntou:

— Jean, por que você ainda usa o Adrien para enganar essas pobres moças que vêm para cá contra a vontade?

— Porque é o meio mais fácil de trazê-las – ele respondeu.

— Mas é perigoso – Madeleine observou. — Se alguém denunciá-lo, você pode se complicar. Aliás, você nunca teve problemas com a justiça?

— Sim, já tive, mas sempre se dá um jeito – ele respondeu esfregando a ponta do dedo médio no polegar, sugerindo que negociava propinas para se livrar de conflitos com a justiça.

Ela o olhou com determinação e disse:

— Pois eu lhe digo que há meios bem mais tranquilos e seguros de se conseguir mão de obra. Sem problemas com a justiça e sem precisar pagar o Adrien.

Jean a encarou desconfiado.

— Do que você está falando?

— Que há muitas mulheres que adorariam viver aqui. Mulheres que chegam a passar fome lá fora, que estão desiludidas com a vida e que viriam de bom grado para cá.

Ele ficou em silêncio, parecendo refletir sobre o que acabara de ouvir e Madeleine reiterou:

— Se quiser, eu posso lhe ajudar a fazer o trabalho de captação de novas meninas...

— Em troca do quê? – ele perguntou ainda desconfiado.

— De nada além do que já tenho recebido.

— Não acredito em você.

— Está bem – ela disse em meio a um profundo suspiro. — Quero me vingar do Adrien.

— Vingar-se? Como?

— Quero que se livre dele. Afinal, se o meu plano der certo, você não precisará mais daquele maldito sedutor mentiroso.

Jean voltou a refletir sobre a proposta. Por fim, deu um sorriso maldoso e estendeu a mão para Madeleine.

— Muito bem, eu aceito a sua proposta. Afinal, o Adrien tem me irritado bastante por causa de dinheiro. O idiota é viciado em jogo e toda vez que perde, fica me perturbando para fazer-lhe adiantamentos que nem sempre são honrados. Se você me provar que é capaz de realizar o que diz, eu prometo fazer a minha parte.

✦ ✦ ✦

A partir daquele dia, Madeleine colocou em prática vários planos que tinha em mente e começou a percorrer os bairros miseráveis da cidade, onde seduzia jovens paupérrimas com promessas de "vida fácil". Assim levava-as para uma casa alugada exclusivamente para a "triagem" e as submetia a rigorosos tratamentos de limpeza e até mesmo de saúde para que se tornassem aptas a desenvolver suas funções. Uma vez preparadas, as jovens passavam a atuar no prostíbulo por vontade própria.

Satisfeito com o resultado do trabalho desenvolvido por Madeleine, Jean, que andava cada vez mais aborrecido com as perturbações de Adrien, passou a negar-lhe dinheiro. Aí foi a vez de Adrien se irritar a ponto de fazer graves ameaças ao dono do prostíbulo.

Uma noite, em meio a mais uma discussão entre eles, Jean atacou Adrien com fatais golpes de punhal. Depois, enrolou o corpo em um tapete, colocou-o em uma charrete e o jogou numa ribanceira à beira de uma estrada deserta. Porém, antes de levar o corpo, chamou Madeleine e mostrou-lhe que havia cumprido sua parte no acordo.

Ao ver o cadáver do homem que a traíra tão covardemente, um misto de satisfação e tristeza invadiu o coração da francesa. Uma parte dela o odiava tenazmente e outra parte insistia em ver nele o homem lindo e ilusoriamente refinado, ao lado do qual poderia ter sido feliz.

✦ ✦ ✦

Como se tratava de uma pessoa solitária, o sumiço de Adrien nunca foi denunciado e Jean se livrou impunemente do crime cometido. Somente ele e Madeleine sabiam o que tinha acontecido, mas agora havia entre os dois uma fidelíssima cumplicidade.

Duas décadas mais tarde, Jean desencarnou vítima de doenças relacionadas ao consumo excessivo de álcool e tabaco. Madeleine, agora experimentada e rica cafetina, herdou o posto do companheiro. Porém, sem a influência que Jean exercia sobre as autoridades locais, as atividades do prostíbulo começaram a sofrer perseguições e a nova dona foi extorquida várias vezes por servidores corruptos.

Insatisfeita com o rumo das coisas, Madeleine vendeu tudo o que tinha e mudou-se para o Brasil, onde já estivera duas vezes a passeio. Aqui, construiu um novo bordel e retomou a vida que levara em Paris, usando sua longa experiência para captar mulheres jovens e bonitas, que faziam grande sucesso em seu estabelecimento.

Um dia, uma dessas mulheres engravidou e abandonou o prostíbulo logo após dar à luz, deixando para trás o menino recém-nascido. Ao olhar para aquela criança, a cafetina sentiu um misto de repulsa e de simpatia por ela. Inicialmente pensou em entregá-la para adoção, mas algo dentro de si falou mais forte e ela decidiu criar o menino ali mesmo naquele ambiente, tornando-se uma espécie de mãe adotiva, avó e protetora de Adrien que, por meio da lei de atração, voltava a conviver com Madeleine, voltando à Terra no corpo carnal de João Carlos.

— Meu Deus! – exclamei ao fim da narrativa. — Então o João Carlos ficou um tempo relativamente curto no plano espiritual e reencarnou praticamente nos braços da mulher que fora vilipendiada por ele.

— E que, por esse motivo, planejara o seu assassinato na encarnação anterior – completou Ambrósio.

— Então, antes de ser vítima de Madeleine, o João Carlos foi algoz dela – observei mais em pensamento do que em palavras.

Ambrósio abriu discreto sorriso e repetiu praticamente a mesma frase que eu havia usado em conversa anterior:

— Não há inocentes entre nós, amigo Basílio – e elucidou:
— Antes de definir quem é vítima e quem é algoz neste mundo, é necessário conhecer a origem de todas as tramas que envolvem os Espíritos que aqui habitam e todos os débitos contraídos por nós em vidas passadas. É por isso que devemos ter muito cuidado ao assumir o papel de juiz das causas alheias, pois nós só conhecemos a versão atual da história e sempre correremos o risco de cometer injustiças.

E, apontando para o alto, meu amigo elucidou:

— Devemos confiar a Deus os julgamentos, pois só Ele conhece integralmente a origem das coisas que nos envolvem.

Fiquei refletindo sobre tudo aquilo e cheguei à conclusão de que os dramas vividos pelos três servidores observados e seus algozes vinham de tempos remotíssimos e que os papéis de agredidos e agressores apenas se alternavam entre eles a cada reencontro no campo físico. Na verdade, era a falta de perdão e o armazenamento de mágoas que os levavam a se ferir mutuamente a cada nova oportunidade de reparo concedida pela lei da reencarnação.

Na encarnação atual, podendo conhecer tão de perto as leis universais, por meio da Doutrina Espírita, e tendo a oportunidade de praticar a caridade como trabalhadores voluntários em um Centro Espírita, Claudete, Armando e João Carlos poderiam finalmente ter despertado em suas almas o sincero desejo de perdoar seus ofensores e se libertarem daquele obsessivo ciclo de agressões.

Agora ficava ainda mais clara para mim a observação de Ambrósio sobre a necessidade de os três permanecerem ali e receberem o auxílio de que necessitavam até o momento em que, conscientes e mais bem orientados, se tornassem verdadeiros servidores da boa causa, dedicando amor incondicional ao próximo e, consequentemente, a si mesmos.

Capítulo 19

O menino e o escravo

"Meu Pai, que se faça a tua vontade e não a minha! Se te apraz experimentar-me pela dor e pelas tribulações, bendito seja! Porque é para o meu bem, eu o sei, que a tua mão pesa sobre mim."

E.S.E – cap. 8 – item 19

O tempo passou lentamente e Ambrósio acabou se recuperando das feridas angariadas por conta do acidente. Porém, as sequelas que ficaram em seu corpo eram bastante graves e irreversíveis. Sua perna esquerda ficou torta, com o pé voltado para dentro, num ângulo de quase noventa graus. Além disso, essa mesma perna não acompanhou o desenvolvimento da direita, ficando vários centímetros mais curta, provocando um grande desequilíbrio em seu andar.

As costas e a barriga estavam totalmente marcadas por feias cicatrizes que formavam um desenho sinistro em quase toda a extensão de seu corpo. Porém, o ferimento mais grave ocorrera em seu órgão reprodutor, pois seus testículos foram esmagados, tornando-o irreversivelmente infértil. Assim, a possibilidade de se tornar herdeiro de Jovino no papel de reprodutor estava totalmente descartada.

Sem condições de trabalhar na lavoura por causa do aleijão e sem chances de se tornar reprodutor, o fazendeiro pretendia se livrar de Ambrósio, mandando-o para o mercado, a fim de ser vendido com alguns escravos que não lhe serviam mais. É claro que ele não tinha valor algum, mas seria oferecido praticamente de graça, apenas para que o dono se livrasse da obrigação de sustentá-lo.

Ambrósio estava apavorado, pois não tinha a menor ideia do que seria o seu futuro. E se caísse nas mãos de um dono cruel, que o obrigasse a trabalhar duro, apesar de suas deficiências e ainda o submetesse ao açoitamento? Porém, a maior preocupação de ir para destino ignorado era a de que, desse modo, Jovino não teria como encontrá-lo quando chegasse o momento do resgate.

Ambrósio nunca duvidou das palavras de nhô Inácio quando este lhe garantiu que voltaria a viver ao lado da mãe. Então, como poderia ser? Como seria resgatado de um lugar que nem ele mesmo sabia onde ficava?

E foi com a alma dilacerada pela angústia que Ambrósio seguiu com mais oito escravos para o quintal da casa-grande, onde seriam colocados em uma carroça para seguirem até o mercado. Era a primeira vez que ele chegava perto daquela casa e teria admirado tamanha suntuosidade, se não estivesse tão assustado e oprimido.

Nessa ocasião, o antigo dono da fazenda havia falecido. Antonino e Izabel eram os mandatários da propriedade e tinham três filhos, sendo duas meninas e Claudinho, o caçula, que à época estava com cinco anos e sofria um tipo de anomalia que o deixava a maior parte do tempo melancólico, irritadiço e introspectivo.

Ao ver a figura exótica em que Ambrósio se tornara, Claudinho começou a rir e, fugindo aos cuidados da negra que o pajeava, correu em direção ao escravo, alcançando-o e fazendo estripulias em torno dele.

A ama, apavorada com o ocorrido e já prevendo o castigo a que seria submetida por conta do desleixo, apanhou o menino e o arrastou de volta para longe dos escravos. Porém, a criança começou a relutar e a chorar escandalosamente, tentando se desvencilhar dos braços dela e voltar para junto de Ambrósio, que a tudo assistia sem nada entender.

O fazendeiro, que também observava a cena à distância, aproximou-se e ordenou à escrava:

— Solte o menino.

— Mas ele quer...

— Solte o menino – repetiu o fazendeiro quase gritando.

Livre dos braços de sua ama, o garotinho correu novamente para junto de Ambrósio e voltou a fazer festinhas em torno dele, dando leves tapas em suas pernas e gargalhando, pois o escravo entrou na brincadeira, fazendo caretas e fingindo que estava sentindo dores.

Antonino ficou boquiaberto com aquela cena, pois nunca vira o filho se divertir tanto; nunca ouvira suas gargalhadas e estava simplesmente encantado. Naquele exato momento teve a ideia de não mais vender Ambrósio. A partir daquele dia, já que o escravo aleijado conseguia deixar o menino tão feliz, passaria a ser uma espécie de bicho de estimação para ele.

A cabeça de Ambrósio foi raspada para evitar piolhos, seu corpo foi esfregado com areia do rio e sabão de cinza para se livrar das impurezas e ele passou a ocupar um quartinho improvisado num canto do imenso porão da casa-grande, pois Antonino achou que não seria mais conveniente mantê-lo na senzala, junto aos que lidavam na lavoura.

E assim, sempre vestido com roupas bem coloridas, o negro passava os dias brincando com o filhinho de seus donos, que entrou em franco processo de melhora, para alívio e alegria do casal.

A vida de Ambrósio deu um considerável salto em termos de qualidade, mas como ter certeza do que é verdadeiramente refrigério quando se vive num plano de expiações e provas? Muitas vezes, a mesma situação que nos leva a sorrir em um momento, faz-nos derramar lágrimas amargosas em outro.

✦ ✦ ✦

O tempo seguiu seu curso e a relação entre Ambrósio e Claudinho foi se estreitando a ponto de os dois se tornarem quase inseparáveis. Com o sucesso da convivência entre eles, Antonino nunca mais voltou a cogitar a possibilidade de se livrar do escravo aleijado. Ambrósio, por seu lado, estava mais tranquilo, mas continuava sonhando com o dia em que seria resgatado por Jovino e conduzido aos braços de Anacleta, com quem vivia sonhando.

Tendo adquirido total confiança de seus donos, o escravo foi ampliando seus horizontes e era autorizado a acompanhar Claudinho em passeios cada vez mais distantes, pois o menino adorava explorar o matagal que circundava a fazenda.

Naturalmente, as incursões a lugares mais ermos, que pudessem representar riscos à segurança, eram feitas por teimosia do menino e sempre às escondidas. Ambrósio, por mais que tentasse evitá-las, não conseguia. Em parte, porque Claudinho era bem mais rápido do que ele, que caminhava com extrema dificuldade; em parte, porque o menino, apesar de gostar de sua companhia, não lhe prestava a menor obediência.

Com a idade aumentando, a curiosidade de Claudinho também ia se expandindo e suas pernas, mais fortalecidas com o crescimento, o conduziam a lugares cada vez mais distantes, ampliando sobremodo a dificuldade de Ambrósio alcançá-lo.

Às vezes, o escravo tinha vontade de se queixar do menino, mas lembrava-se de que era justamente aquela relação que garantia sua presença na fazenda e a certeza de que Jovino o encontraria ali, quando aparecesse para resgatá-lo, pois se mantinha esperançoso de que a qualquer momento seria levado para viver novamente junto de sua mãe.

Capítulo 20

O desaparecimento

"Se te agrada, Senhor, apiedar-te de tua frágil criatura, dar-lhe ao coração as alegrias puras, bendito seja também! Mas faze que o amor divino não se amorteça na sua alma, e que incessantemente suba aos teus pés a sua prece de gratidão."

E.S.E – cap. 8 – item 19

Um dia, logo após o almoço, Claudinho, acompanhado de Ambrósio, decidiu fazer mais um daqueles passeios em meio ao matagal. E novamente ignorando as advertências do escravo, embrenhou-se mata adentro, perseguindo um animalzinho silvestre que lhe chamou a atenção.

O menino corria em ziguezague, pulando sobre troncos, quebrando os galhos mais baixos das árvores e Ambrósio ia atrás, manquitolando com sua perna torta, tentando não perdê-lo de vista.

De repente, o escravo tropeçou num emaranhado de cipós, desequilibrou-se e ao cair bateu fortemente a cabeça em uma pedra arredondada. Ambrósio ainda conseguiu olhar para o alto e teve a sensação de que as copas das árvores rodopiavam sob os retalhos de um céu nevoento. Mas essa visão durou um átimo de tempo e ele apagou.

Ambrósio acordou sentindo grossos pingos de chuva lavando seu rosto. O corpo estava dolorido, principalmente do lado esquerdo da cabeça, onde um galo enorme latejava e uma nata de sangue coagulado havia criado uma pasta dura, emaranhando-se ao cabelo pixaim. Ergueu-se com dificuldade, forçou a cabeça para trás e girou o pescoço várias vezes, até que um estalido pareceu colocar no lugar alguma articulação óssea que houvesse se desprendido.

Os pingos de chuva caíam cada vez mais grossos, trovoadas estrondavam provocando um tremor no solo e raios se projetavam em meio às nuvens escuras, derrubando árvores gigantescas a pouca distância dali. Ambrósio ficou assustado, pois sempre tivera medo daquelas violentas tempestades de verão.

Porém, muito mais do que a sensação de medo, a preocupação com o paradeiro de Claudinho o dominava inteiramente. Em uma tentativa desesperada de encontrar o menino, embrenhou-se ainda mais na mata, gritando por seu nome, tentando sobrepor-se ao barulho ensurdecedor da tempestade. A cada passo que dava, sentia o corpo estremecer por dentro, num misto de terror e aflição.

Onde estaria Claudinho? Teria voltado para a fazenda ou estaria perdido no matagal? Se estivesse tão encharcado quanto Ambrósio, poderia ficar doente e provocar a ira de seus pais.

E foi com essas incertezas a perturbar-lhe a alma que Ambrósio percebeu o arrefecimento da chuva que o castigara durante mais de uma hora. Os pingos foram se tornando mais finos, trovões e relâmpagos escassearam e as nuvens enegrecidas se afastaram com a mesma brevidade com que haviam se formado.

Porém, o céu já não estava tão azul, pois começava a anoitecer. Ali, no meio do mato, a noite parecia chegar mais cedo e bem mais escura do que no descampado. Ambrósio continuava zanzando de um lado para o outro, andando com dificuldade, escorregando, caindo, levantando-se... Sua voz agora já não apenas chamava pelo menino, mas suplicava para que ele aparecesse, embargada por um pranto que já não podia ser contido.

— Claudinho! Claudinho! Cadê você, filho de Deus?

Os primeiros vagalumes surgiram e os grilos iniciaram seu concerto noturno. As árvores e todas as criaturas da natureza se transformaram em vultos indistintos. Nada mais podia ser feito naquela noite.

Então Ambrósio se encaminhou para a fazenda como se fosse um zumbi. Agarrava-se ao fio de esperança que lhe restava: talvez o menino houvesse retornado sozinho para casa. Logicamente ele seria castigado e talvez até o proibissem de voltar a acompanhá-lo, mas pelo menos teria aliviado aquele sentimento de culpa, aquele fardo imenso que lhe pesava nos ombros.

Mas não precisou chegar ao destino para perceber que suas esperanças eram vãs. De longe avistou o pátio da fazenda iluminado pelo clarão de uma fogueira e, em torno dela, um grande número de escravos e os capatazes. Antonino dava ordens enquanto a esposa chorava ao seu lado.

— Nosso filho saiu para um passeio, hoje à tarde com o Ambrósio – dizia o fazendeiro em voz alta para que todos pudessem ouvir. — É comum eles fazerem isso, mas sempre voltam bem antes do anoitecer. Porém, hoje não voltaram e estamos muito preocupados. Acredito que tenham se perdido e nós precisamos encontrá-los. Vamos fazer uma varredura em meio à mata e não voltaremos à fazenda sem que eles estejam conosco...

De repente, houve um burburinho entre os escravos. É que uns deles tinham acabado de avistar Ambrósio que chegava todo encolhido, andando com dificuldade.

— Patrão, veja, é o Ambrósio! – gritou um dos capatazes.

— Graças a Deus! – exclamou o fazendeiro, correndo na direção dele.

— Onde está o Claudinho? – perguntou, assim que o alcançou.

Ambrósio quis responder, mas a voz lhe morreu na garganta e ele começou a chorar. Izabel também se aproximou e começou a gritar com ele:

— Ambrósio, onde está o meu menino? Cadê o Claudinho?

Quanto mais lhe perguntavam, mais dificuldade o escravo tinha para articular as palavras. Seu corpo tremia e as lágrimas jorravam com abundância de seus olhos. Antonino perdeu a paciência e, tomando o chicote de um dos empregados, ameaçou:

— Ah, não vai falar onde está o Claudinho? Então vai começar a apanhar agora.

E deu fortes chibatadas nas pernas do escravo, que se encolheu ainda mais e gritou de dor.

— *Ai, ai, ai*, seu Antonino! Não me bate, não... Eu não tive culpa de nada...

— Ah, finalmente soltou a voz? Agora responde o que estamos lhe perguntando. Cadê o Claudinho?

— Eu não sei, não senhor... Ele sumiu das minhas vistas... Fui atrás dele, procurei por todo lado, mas não encontrei o menino...

Ouvindo isso, Izabel levou as duas mãos à cabeça e começou a gritar em histeria:

— O quê? Meu filho sumiu? O que você fez com ele, seu negro aleijado? Seu demônio do inferno?

Ambrósio voltou a se encolher, mas vendo que Antonino voltara a erguer o chicote para agredi-lo novamente, falou tentando conter o pranto que o fazia tropeçar nas palavras:

— Não, senhora... Eu juro que não fiz nada com ele, não... O menino se apartou de mim e se enfiou no mato... Eu não vi quando ele sumiu... Pelo amor de Deus, me escute... Não estou falando mentira...

Antonino respirou fundo e, voltando-se para todos os que se encontravam no pátio da fazenda, disse:

— Vamos fazer como eu disse antes. Vocês irão vasculhar a mata em busca do menino e só voltem aqui quando o tiverem encontrado.

E assim fizeram, levando Ambrósio junto para indicar o local onde dizia ter se separado de Claudinho. Porém, as buscas foram infrutíferas, vararam a madrugada e prosseguiram ao longo do dia sem que qualquer vestígio da criança fosse encontrado.

A certa altura, Antonino ordenou que Ambrósio fosse levado de volta à fazenda, amarrou-o ao tronco e passou a torturá-lo das formas mais dolorosas que podia, tentando arrancar do escravo a confissão de ter assassinado o menino e relatar que fim havia dado ao corpo.

Porém, mesmo submetido às mais cruéis torturas físicas, Ambrósio não dava as informações exigidas, pois simplesmente não tinha o que dizer além do que já havia explicado. Enquanto era surrado, ele chorava e gritava implorando misericórdia, mas o choro era também por Claudinho. O escravo era apegado demais ao menino e também estava preocupado com o destino dele.

Capítulo 21

O cárcere

"Felizes os que sofrem e choram! Que suas almas se alegrem, porque serão atendidas por Deus."

E.S.E – cap. 5 – item 19

Vários dias se passaram sem que qualquer novidade surgisse na fazenda. Izabel estava arrasada e chorava o tempo todo, agarrada à Bíblia e ao terço, implorando a Deus que lhe devolvesse o filho amado. Antonino se dividia entre a raiva que sentia de Ambrósio e a dor da ausência de Claudinho. O escravo continuava amarrado ao tronco, desnutrido, desidratado e muito ferido.

Com a ajuda das autoridades policiais da região, a mata que circundava a fazenda fora vasculhada milimetricamente e nenhum vestígio do menino, ou mesmo do que poderia ter sobrado de seu corpo, fora encontrado. Aos poucos, a necessidade de se voltar às tarefas rotineiras da fazenda obrigou os escravos a retomarem o trabalho, e as diligências já não eram feitas com tanta persistência.

Passados mais alguns dias, a busca foi abandonada em definitivo; morria nos corações de Antonino e Izabel a esperança de reverem o filho ou até mesmo de darem ao seu cadáver um enterro digno.

Somente depois de estar convencido de que nada seria revelado sobre o sumiço do menino, mas não tendo também a convicção de que Ambrósio fosse inocente, o fazendeiro o entregou à polícia, sob a acusação de assassinato. Julgado por um tribunal precário e completamente parcial, o escravo foi condenado a uma longa pena e trancafiado na cela imunda de uma cadeia.

Porém, apesar das dores físicas e das humilhações enfrentadas ao longo daqueles dias, o que mais incomodava Ambrósio era a acusação de ter assassinado uma criança indefesa, que estava sob os seus cuidados. Assim, ele enfrentou o período mais aziago de sua existência. Além de ficar quase sem se alimentar, com as mínimas condições de higiene e tendo de dormir sobre uma tábua, de vez em quando era submetido a agressões físicas, pois alguns policiais haviam tomado as dores de Antonino e achavam que torturando o prisioneiro conseguiriam arrancar-lhe uma confissão.

Mas as surras que lhe aplicavam não geravam novidade alguma e só serviam para aumentar o sofrimento do infeliz, cujo corpo aleijado e eivado de feridas não tinha um só espaço isento de chagas. Até mesmo seu rosto já não possuía os traços fisionômicos de um ser humano; era uma massa de carne disforme e assustadora.

Seus pensamentos andavam confusos, sonhos e pesadelos alternavam-se diuturnamente. Nos sonhos, ele se via ainda criança, brincando no terreiro da senzala, recebendo o carinho da mãe. Nos pesadelos, Ambrósio se via caindo da árvore e espetando-se nas estacas de madeira; outras vezes, revivia as cenas de desespero em meio à mata, gritando por Claudinho, o coração estrangulado pela angústia; em outros momentos via-se preso ao tronco, sofrendo torturas sob o olhar acusador de Antonino e Izabel.

Durante uma daquelas angustiantes noites, não conseguindo mais conter o desespero que o envolvia, Ambrósio lembrou-se de nhô Inácio ter dito que Deus tem o poder de aliviar o sofrimento de seus filhos e que é possível conversar com Ele, desde que as palavras partam do coração e que sejam sinceras.

Então procurou se concentrar para criar uma conexão com o plano espiritual, fechou os olhos inchados e doloridos, buscou um foco de luz dentro de si e implorou:

— Senhor Deus, aprendi com minha mãe e com o nhô Inácio que não existe injustiça no mundo, que tudo o que acontece com a gente é por nossa própria culpa. Eu não consigo entender a minha culpa nessa história, mas tenho certeza de que eles não iriam mentir pra mim. Tenho procurado suportar a dor sem perder a fé no Senhor, sem deixar de acreditar que o Senhor é justo e amoroso... Mas eu não estou aguentando mais!

Nesse momento, Ambrósio foi envolvido por imensa tristeza e começou a chorar. Ainda assim, prosseguiu em sua prece:

— Se for necessário que eu sofra mais, prometo que vou me esforçar pra suportar as dores, mas, se for possível, meu

Deus, livra-me de mais sofrimentos. Eu Te suplico que mande alguém aqui pra me acudir. Estou sofrendo demais... Não sei até quando vou resistir... Me ajuda, meu Pai... Me ajuda...

E em meio ao pranto e à prece, ele sentiu uma sonolência incontrolável e pegou no sono. Enquanto dormia, teve a sensação de estar cercado por vultos que manipulavam qualquer coisa em seu corpo, mas era tudo muito vago e confuso.

Sem saber por quanto tempo havia dormido, Ambrósio acordou ouvindo o barulho metálico da corrente que prendia a porta da cela. Na penumbra do quarto, vislumbrou um vulto enorme que se aproximava e entrou em pânico, prevendo que levaria outra surra. Encolheu-se todo, tentando proteger o rosto com os braços esqueléticos, mas ouviu uma voz grave, porém mansa a lhe tranquilizar:

— Fique calmo, meu filho! Sou eu, Jovino.

O prisioneiro sentiu uma onda de calor invadir-lhe a alma e a esperança que há tanto tempo andava adormecida renasceu de forma espetacular.

— Jovino?

— Sim, meu filho. Sou eu mesmo.

Ambrósio se ergueu com dificuldade e ficou de joelhos. Jovino também se ajoelhou de frente para ele e o acolheu em um caloroso abraço. Os dois começaram a chorar, lembrando-se de um momento antigo de suas vidas, quando se abraçaram pela primeira vez sob o bambueiro da fazenda.

Quando conseguiu controlar a voz, Ambrósio perguntou:

— Você veio me buscar?

Jovino o abraçou com mais força.

— Sim, meu filho! Vim tirar você deste lugar horrível.

O prisioneiro tateou os braços do pai e fez nova pergunta:

— Eu estou sonhando?

Jovino respondeu com infinita ternura na voz:

— Não, meu filho querido! Isto aqui não é um sonho. Você está livre para voltar. Iremos embora imediatamente.

Um profundo suspiro de alívio estremeceu o peito de Ambrósio, que voltou a perguntar:

— E minha mãe? Como ela está?

— Sua mãe está bem! Mas sente muita saudade de você.

— Você vai me levar para junto dela?

— Sim. É para isso que estou aqui.

Dizendo isto, Jovino pegou no colo o corpo esquálido de Ambrósio e o conduziu para fora, onde uma charrete os aguardava. A noite estava agradavelmente morna, mas quase não havia estrelas e a lua também não se fazia presente no céu.

O escravo foi acomodado na charrete, Jovino assumiu o comando dos dois cavalos que estavam atrelados a ela e partiu velozmente, desaparecendo na escuridão da noite.

✦ ✦ ✦

Nuvens douradas no horizonte prenunciavam a alvorada de um dia ensolarado e a passarinhada cantava festivamente entre os galhos do arvoredo que circundava a casa pequenina, com suas paredes muito brancas. Um cercadinho baixo de taquara trançada delimitava o quintal coberto por um tapete de grama rasteira e macia. Ao lado da porteirinha de acesso, gracioso jardim exibia pétalas multicores, lançando no ar o aroma adocicado das flores.

Assim que a charrete estacionou no pequeno pátio, Anacleta saiu correndo de dentro da casinha, aproximou-se, olhou nos olhos de Ambrósio e o acolheu naquele abraço terno e caloroso que somente as mães são capazes de oferecer.

— Meu filho querido! – ela exclamou com a voz entrecortada pelo pranto.

— Mamãezinha! – sussurrou Ambrósio, também engasgado pelo choro.

E permaneceram enleados naquele abraço, sem dizer mais nada, pois a emoção que sentiam era tão grande que não permitia a intromissão de palavra alguma.

Jovino, com os olhos encharcados pelas lágrimas, acompanhava aquela cena tão comovente com o coração repleto de amor e um sorriso de gratidão estampado no rosto. Silenciosamente, elevava aos céus uma sincera prece de agradecimento:

— Obrigado, meu Deus! Muito obrigado por me permitir testemunhar este momento tão especial!

Capítulo 22
De volta

> "Enquanto o [Espírito] malvado, cheio de remorsos e pesares [...], geme sob a opressão dos sofrimentos morais, o justo, junto aos que ama, goza de uma indizível felicidade."
>
> *E.S.E – cap. 3 – item 2*

O recolhimento ao lar materno possibilitou a Ambrósio um período de descanso e restabelecimento. Durante longo tempo, ele esteve confuso, alternando momentos de sono profundo com outros de delírios e incertezas. Seu resgate e o reencontro com a mãe eram fatos reais ou não passariam de um sonho? Ele passou a vida toda esperando por aquilo, jamais duvidara da palavra de nhô Inácio sobre a promessa de Jovino, mas tanto tempo havia se passado e tantas coisas haviam ocorrido...

Às vezes, Ambrósio tinha a sensação de estar encravado em estacas de madeira que lhe rasgavam o corpo ao menor movimento: outras vezes, sentia-se preso ao tronco, sendo açoitado impiedosamente. Via-se no cárcere fétido da delegacia ou percorrendo – sem saber se o fazia realmente ou só em pensamento – a mata fechada, sob a chuva torrencial e estrondos de trovões, gritando em desespero pelo menino, que não lhe dava qualquer sinal de vida.

“Claudinho! Claudinho! Onde está você, filho de Deus?”

E uma mistura de sensações amargas o invadia diuturnamente, mas o mal-estar era abrandado nos momentos em que sentia os braços amorosos de Anacleta envolvendo-o em caloroso abraço, os olhos maternos cheios de ternura velando-lhe o sono e repetindo com sua voz meiga e confortadora:

— Relaxe, meu filho querido! Estou aqui, cuidando de você. Não tenha pressa em despertar. Eu não vou deixá-lo sozinho.

Ambrósio sentia os lábios mornos da mãe a lhe beijar a testa e, mesmo inconsciente, permitia que lágrimas de amor e gratidão lhe banhassem o rosto. Naqueles momentos ele não tinha dúvida de que estava vivendo uma realidade, tinha vontade de se levantar da cama e esclarecer todas as dúvidas que lhe inquietavam a alma, mas logo voltava a ser vencido pelo sono e pelas sensações que nele encontrava.

✦ ✦ ✦

Ambrósio nunca soube por quanto tempo esteve naquelas condições e nem em que momento despertou daquele transe. A verdade é que nem todos os detalhes do que ocorreu naquele intrincado período lhe chegavam por inteiro, ao me relatar tais fatos.

Quando deixou o leito, ele passou a conversar com Anacleta durante longas caminhadas pela campina que circundava o casebre, aspirando o perfume das flores que a brisa constantemente suave lhe trazia ao olfato. Tinha tantas perguntas a fazer que chegava a tropeçar nas ideias.

A mãe procurava tranquilizá-lo:

— Calma, meu filho! Vamos devagar, está bem? Faça uma pergunta de cada vez e eu lhe responderei também desse modo.

Os dois estavam sentados sobre uma saliência existente no gramado, em uma colina de onde se avistava a paisagem em torno: um extenso campo relvado com pequenas árvores que se distribuíam regularmente, sob um céu limpo com umas poucas nuvens branquinhas a se arrastarem lentas, quando ele indagou juntando duas perguntas em uma para ganhar tempo:

— Que lugar é este, mamãe? E como vocês conseguiram chegar aqui? – Ambrósio estava deitado no colo da genitora e ela acariciava-lhe os cabelos quando respondeu:

— É um lugar muito especial, onde só conseguimos chegar com muito sacrifício.

— Como foi que Jovino soube que eu estava preso naquele lugar? Como conseguiu me resgatar sem ser importunado pelos policiais? – fez novamente uma dupla pergunta.

— Jovino é muito esperto, meu filho!

Ambrósio ficou um pouco em silêncio e concluiu que as respostas que a mãe lhe dava não eram muito esclarecedoras. Então mudou o rumo dos questionamentos.

— Nhô Inácio me disse que a senhora fugiu da fazenda porque estava grávida. Onde está o meu irmãozinho?

Desta vez foi Anacleta que demonstrou inquietude. Pensou bastante, enquanto olhava com ternura para o filho. Finalmente deu um suspiro, segurou nas mãos dele e disse:

— Filho, eu não sei se já está na hora de você saber tudo o que aconteceu, mas, com essa curiosidade que lhe é tão peculiar, vai ser impossível não esclarecer logo as suas dúvidas.

Ambrósio a encarou com aquele mesmo olhar especulador da infância, quando questionava sobre tudo à sua volta.

— Então conte, por favor!

— Bem... – ela começou a procurar palavras que se ajustassem ao que tencionava contar. — Quando eu e Jovino fugimos para o quilombo, naquela madrugada, eu estava com o coração partido por ter que deixá-lo...

— Eu sei. O nhô Inácio me disse que a senhora estava chorando muito.

— Foi um sofrimento terrível, meu filho. Mas tivemos que seguir em frente, pois não havia como levá-lo conosco nem como desistir da viagem. Então, depois de vários dias e noites de cavalgada, quase sem descanso, entre o matagal fechado de uma serra muito alta, chegamos ao local que havia se transformado em uma aldeia de escravos que lutavam pela liberdade. A maioria era formada por fugitivos, mas tinha também alguns que haviam conquistado a alforria, mas que aderiram à luta dos demais e passaram a viver ali. Havia também os pequeninos, que já haviam nascido naquele lugar e desconheciam a lamentável realidade da escravidão.

Anacleta falava num tom de voz suave, como se estivesse preparando o espírito do filho para o que seria revelado.

— Tirando a saudade imensa que sentia de você, posso dizer que vivi dias muito felizes naquele lugar, ao lado de Jovino, enquanto crescia em minha barriga o filho que, por amor, eu e ele decidimos ter. Porém, quando eu já estava próxima a dar à luz, durante uma noite muito escura, o quilombo foi invadido por um verdadeiro exército de homens armados que foram enviados pelo senhor Antonino e pelo dono do Jovino, para nos capturar. Eles eram muitos, agiam de modo cruel e chegaram atirando sem piedade. Os guardiões do quilombo entraram em luta com eles e durante toda a noite o local se transformou num campo de batalha, ocorrendo todo o tipo de atrocidade que se possa imaginar. Quando o dia raiou, quase todos os negros, inclusive mulheres e crianças, estavam mortos e os poucos que sobreviveram foram aprisionados para serem entregues à justiça ou devolvidos aos seus donos. Somente um número bem reduzido conseguiu fugir para a mata e escapar da captura.

— Então a senhora e o Jovino foram capturados ou conseguiram fugir? Como conseguiram escapar e chegar aqui? – Ambrósio perguntou erguendo-se do colo de Anacleta e encarando-a muito curioso, angustiado pela dramática narrativa que acabara de ouvir.

A mãe retribuiu compassivamente àquele olhar aflito e disse com a voz mais calma do mundo:

— Nós não fomos capturados, meu filho.

— Então fugiram para o mato?

Anacleta negou com um aceno de cabeça.

— Também não. Enquanto lutava contra os invasores, Jovino mandou que eu fugisse, mas preferi ficar e enfrentar o meu destino. Não queria partir sem o homem que amava. Além disso, entrei em trabalho de parto no meio da batalha...

Ambrósio arregalou os olhos.

— Como assim? A senhora ganhou o filho naquela noite?

Anacleta sorriu com profunda tristeza e duas lágrimas lhe escorreram pelo rosto.

— Sim. Um garotinho tão lindo quanto você. Eu estava escondida em uma tapera, mas o choro dele atraiu a atenção de um policial que se dirigiu para lá. Jovino também tinha ouvido os gritinhos do filho e correu para nos proteger. Os dois entraram em luta corporal e Jovino conseguiu subjugar o policial, mas ele começou a gritar por socorro. Então outros homens armados invadiram o local e começaram a atirar. Jovino ainda tentou proteger a mim e ao menino com seu corpo, mas não adiantou. Nós três fomos alvejados.

Ambrósio estava ainda mais perplexo quando voltou a falar:

— Quer dizer que vocês foram...

Anacleta acenou a cabeça positivamente.

— Sim. Nós fomos executados naquela noite.

Ambrósio deu um salto e manteve-se de pé, checando o próprio corpo com os olhos.

— Meu Deus! Isso significa que eu também morri?

Anacleta segurou na mão dele e o fez sentar-se, puxando-o de volta para o gramado.

— Venha, meu filho. Sente-se novamente aqui. Deixe-me terminar de lhe contar.

Ele estava trêmulo e mantinha os olhos arregalados quando voltou a se acomodar ao lado da mãe.

— Você se sente morto? – ela perguntou.

— Não. De jeito nenhum! – Ambrósio respondeu com urgência.

Anacleta sorriu e acariciou-lhe o rosto.

— Então você não está morto. Nem eu. Nem o Jovino...

— Mas a senhora disse que...

— Disse que fomos executados, mas a única coisa que aqueles homens conseguiram matar foi o corpo de carne que usávamos.

— A senhora quer dizer, este corpo – e Ambrósio apalpou a mão e o braço dela.

Apesar da seriedade da conversa, Anacleta não conseguiu deixar de rir.

— Não, meu filho. Este corpo que estamos usando agora não é de carne. É de outra matéria. O seu corpo de carne também ficou estirado no chão imundo daquela cela onde o mantiveram prisioneiro.

Ambrósio enfiou as duas mãos por baixo da camisa e começou a apalpar o próprio corpo. Só então percebeu que as cicatrizes praticamente haviam desaparecido. Depois passou a verificar suas pernas e notou que já não havia desigualdade entre elas; o aleijão era formado agora por uma diferença quase insignificante. E essa constatação foi tão surpreendente que ele começou a chorar de emoção. Anacleta o abraçou novamente e disse:

— Deus é maravilhoso, meu filho! E é pela bondade d'Ele que você está aqui neste momento, obtendo as bênçãos do refrigério para as suas dores, curando as suas feridas do corpo e da alma...

— Por que vim parar neste lugar tão bonito e tão calmo? – ele perguntou num sussurro choroso.

— Por merecimento, meu querido! O amor sincero e puro que existe em seu coração, e que o permitiu aceitar com resignação o sofrimento que trouxe os ajustes necessários ao seu adiantamento moral, tornou-o merecedor desse benefício e o conduziu de volta para junto de mim. Do mesmo modo como a borboleta deixa a matéria grosseira do casulo e se eleva para os céus depois de longo e doloroso confinamento na condição de lagarta, você também se libertou da pesada carcaça em que se achava enclausurado e está novamente liberto.

Estreitou-o ainda mais naquele enleio carinhoso, exclamando:

— Oh, meu querido, como eu o amo! – e, olhando para o alto, agradeceu: — Muito obrigada, meu Deus, por enviar o meu filho novamente para junto de mim, por deixá-lo livre para voltar aos meus braços!

Ambrósio finalmente soube o porquê de jamais ter convencido o pai de Claudinho de que não tinha nada a ver com o sumiço dele. Antonino deve ter pensado que ele houvesse tomado conhecimento do covarde assassinato de Anacleta e Jovino e decidira vingar a morte dos pais, assassinando a inocente criança.

Capítulo 23

Laços familiares

"Com a reencarnação, antepassados e descendentes podem ser conhecidos, ter vivido juntos, podem ter se amado, e mais tarde se reunirem de novo para estreitar os seus laços de *simpatia.*"

E.S.E – cap. 4 – item 21

Depois daqueles esclarecimentos, Ambrósio começou finalmente a se situar no plano espiritual, convencido de que a vida humana não é privilégio do Espírito encarnado, nem é restrita a esse ou àquele espaço territorial, mas uma dádiva universal, ilimitada e surpreendentemente indestrutível.

Novos diálogos com a mãe foram travados e suas dúvidas esclarecidas. Aos poucos, ele readquiria flashes de lembranças das vidas passadas, mas tudo de modo sutil e passageiro, como a lhe mostrar que não era ainda o momento de aprofundar-se naquelas recordações.

Desde que despertara daquele longo período de sonolência, Ambrósio havia notado a ausência de Jovino e, sempre que perguntava por ele, Anacleta desconversava, dando respostas evasivas. Quando ele voltou a perguntar pelo pai, ela finalmente respondeu:

— Bem, agora que tudo foi esclarecido, eu posso lhe explicar melhor. O Jovino está envolvido em uma excursão de resgate.

— Outro resgate? – ele perguntou. — Como o que fez comigo?

— Sim. Mas desta vez é em uma região bastante sombria do plano espiritual.

Então Anacleta contou que o menino que ela estava gestando, e que tivera o corpo destruído pela violência minutos após ter reencarnado, era o Espírito que Jovino, juntamente com uma equipe de socorristas espirituais, tentava resgatar do ambiente tenebroso em que ele se encontrava desde aquela fatídica noite.

— Na verdade, trata-se de uma pessoa revoltada, que não aceitou a provação a que seria submetida e mergulhou no submundo do ódio e do inconformismo. Se tivesse sobrevivido ao ataque daquela noite, meu segundo filho possivelmente teria uma vida muito difícil, pois cresceria com o estigma da rebeldia, por ter nascido em uma comunidade de insurgentes. Além disso, ele deveria crescer sem a minha presença e a do Jovino, pois é provável que mesmo que não tivéssemos sido assassinados naquela invasão, seríamos executados após a prisão, para servir de exemplo aos demais escravos.

— Meu Deus! – exclamou Ambrósio. — Pelo jeito meu irmão teria uma vida ainda mais dolorosa do que a minha.

— Pode ser que sim – Anacleta disse, pensativa. — Mas não há nenhuma certeza em relação a isso. Nem sempre a reparação se dá pela dor, pois a caridade é também uma forma de consertar nossos erros. Embora seja praticamente impossível acreditar que um Espírito revoltado consiga entender a importância da caridade e colocá-la em prática.

— E o que farão com ele depois que for resgatado de onde se encontra? – Ambrósio perguntou.

— Se tudo der certo, vão conduzi-lo para uma colônia assistencial, onde será submetido a tratamento específico de equilíbrio e pacificação, a fim de se preparar para novas experiências na carne. Mas isso dependerá de como ele vai reagir. Afinal, é por sua própria escolha que tem vivido em sofrimento, buscando nos sentimentos inferiores um ilusório abrigo às suas dores.

— Ele vai encarnar de novo?

— Sim. E quantas vezes mais forem necessárias. Nenhuma tarefa pode permanecer inacabada por muito tempo. É preciso "pagar até o último ceitil" de nossos débitos morais, pois a evolução espiritual é ininterrupta e inevitável. Somente ao fim dessa longa jornada é que estaremos aptos para experimentar a felicidade reservada aos "puros de coração".

Ambrósio ficou pensando naquelas palavras por um tempo. Depois perguntou:

— Mas por que o meu irmão teria de passar por uma provação tão difícil se não fosse assassinado prematuramente?

— Por necessidade, meu filho, e não apenas dele. Na verdade, todos nós: eu, Jovino e você também estávamos enfrentando uma experiência correcional solicitada por nós mesmos, para nos ajustar às leis divinas, expiando faltas cometidas em vidas passadas contra muitos de nossos irmãos universais. Os maus instintos que nos levam ao endividamento moral são doenças da alma e, quanto mais grave for essa doença, mais intenso é o tratamento a ser aplicado e mais amargo é o remédio que nos livrará da enfermidade. Fugir dessas provações não nos livra delas; apenas adia o inevitável momento do acerto de contas.

E Anacleta explicou que o Espírito que reencarnou como seu segundo filho, e que não teve chance de viver no corpo carnal a ele destinado, era o único dos quatro que não estava totalmente convencido a se submeter aos aziagos processos expiatórios. E foi justamente por alimentar tanto sentimento inferior que acabou atraindo o ato violento que tão cedo lhe ceifou a vida física.

— Mas o que fizemos de tão grave para atrair todas essas desgraças para as nossas vidas? – questionou Ambrósio.

Então Anacleta contou-lhe que os quatro, em três reencarnações consecutivas, estiveram juntos por laços consanguíneos e nas três ocasiões exploraram o comércio de seres humanos para mão de obra escrava. Uma vez na Europa, como patrocinadores dos navios que seguiam para a África a fim de capturarem suas vítimas, e duas vezes no Brasil, como proprietários de fazendas e engenhos, possuidores de grande quantidade de escravos.

— Cometemos muitas injustiças contra nossos irmãos – disse Anacleta — e demoramos a compreender a maldade que praticávamos. Quando retornávamos ao plano espiritual, depois daquelas encarnações, sofríamos as consequências do mal praticado e pedíamos nova oportunidade de nos corrigir. Porém, uma vez na carne, esquecíamos o compromisso assumido e voltávamos a cair no erro, deixando-nos dominar pelos piores instintos de ambição e crueldade.

— Então era por isso que nhô Inácio dizia que nenhum sofrimento é em vão ou injusto – observou Ambrósio, lembrando-se das palavras do curandeiro.

— Isso mesmo – concordou Anacleta. — E foi justamente a certeza dessa afirmativa, que de algum modo mantinha-se viva dentro de nós, que nos permitiu enfrentar tantas misérias sem nos revoltarmos. Algo em nosso subconsciente nos alertava para o fato de estarmos em processo de depuração e que não éramos meras vítimas da maldade do mundo. Por isso fomos resignados e, apesar de tudo que enfrentamos, não guardamos ódio em nossos corações. Voltamos ao plano espiritual desprovidos de sentimentos negativos e pudemos desfrutar esse ambiente de paz e reconforto, para o qual fomos atraídos por merecimento.

✦ ✦ ✦

Os dois estavam ainda conversando sobre tudo aquilo, quando a charrete de Jovino atravessou a porteira e estacionou no quintal. Anacleta foi ao encontro do marido e o recebeu com um abraço carinhoso. Ambrósio também o abraçou e Jovino, olhando o filho de alto a baixo, observou:

— Como este ambiente está lhe fazendo bem, meu filho! Você está ótimo e não lembra em nada o farrapo humano que eu trouxe para cá naquelas condições tão precárias.

Ambrósio sorriu e olhou para o alto.

— Graças a Deus!

— Isso mesmo – concordou Anacleta. — É a Ele que temos sempre que agradecer pelos benefícios recebidos.

E, tomados de gratidão e alegria, os três adentraram a casinha e sentaram-se à mesa. Jovino então comentou sobre o Espírito que fora resgatar.

— Nós o encontramos em estado lastimável – ele disse. — Não tinha a aparência da criança que vimos nascer naquela noite; mais parecia um animal raivoso, enfurnado em uma gruta escura e fria.

— Oh, meu Deus! – exclamou Anacleta. — E vocês conseguiram resgatá-lo?

— Felizmente, sim. Foi muito emocionante, sabe? Quando me viu, ele se lembrou de mim e praticamente voltou a ser a criança chorosa e assustada que tentei proteger naquela trágica noite. Aconchegou-se em meus braços e me pediu para ajudá-lo a sair dali. O socorrista que liderava o grupo percebeu sinceridade em sua súplica e permitiu que o levássemos para a colônia regenerativa de Espíritos em desequilíbrio.

— E agora? – perguntou Ambrósio, que ouvira todo o relato em silêncio.

Jovino fez um ar de preocupação e respondeu:

— Agora ele receberá a assistência necessária e, depois disso, instruções para se preparar para o regresso ao plano terreno.

— Nós estaremos com ele novamente? – perguntou Anacleta, cheia de expectativa.

— Sim – respondeu Jovino com alegria. — Já pedi autorização e nos foi concedida a tarefa de continuar auxiliando nosso irmão querido a encontrar o caminho da paz e do reequilíbrio.

Ao ouvir aquilo, Ambrósio sentiu um aperto no coração.

— Como assim? Quer dizer que vocês vão me abandonar de novo?

Anacleta achou graça da reação quase infantil dele e respondeu enquanto lhe acariciava o rosto.

— Calma, meu filho! Esse processo não será tão rápido assim. Teremos muito tempo para ficar juntos.

— Além disso – completou Jovino –, há uma grande possibilidade de você também estar junto a nós nessa nova experiência.

Então Ambrósio finalmente se lembrou do irmão temperamental ao lado do qual cometera tantos equívocos. Vieram-lhe à mente imagens de tempos remotos, quando, abusando da condição privilegiada de homens ricos, submeteram a pesado jugo as pessoas menos afortunadas, principalmente aquelas que, por terem a pele negra, eram escravizadas e tratadas com profundo desprezo e desumanidade.

Ambrósio aos poucos voltava a se assenhorear de sua bagagem intelectual, tão mais apurada e consistente do que o limitado entendimento que lhe fora atribuído na encarnação em que experimentara a condição de cativo. Agora já não lhe restava a menor dúvida a respeito do fiel cumprimento da perfeita e inexorável lei de causa efeito e de todas as demais leis que regem o universo e tudo o que nele existe.

Todos os bens que nos são concedidos pela bondade de Deus, e que se tornam motivos de entrave à nossa progressão moral, acabam, em algum momento, sendo confiscados para o perfeito cumprimento dessas leis. Ambrósio precisou passar pela provação da pobreza, da limitação intelectual e do sofrimento físico para, nas encarnações futuras, fazer bom uso da riqueza e da inteligência e, principalmente, para não transformar as suas próprias conquistas em instrumentos de tortura e subjugação do próximo.

Capítulo 24

Surpreendente visita

"É assim que Deus, na sua bondade, torna o próprio castigo proveitoso para o progresso do Espírito."

E.S.E – cap. 3 – item 15

O tempo foi se passando e aqueles três Espíritos que possuíam tanta afinidade puderam experimentar um período de paz e tranquilidade. Anacleta cuidava de tudo, sempre com aquela dedicação que lhe era natural. Jovino orientava e incentivava Ambrósio a cultivar cada vez mais sentimentos nobres em seu coração. De vez em quando ele se ausentava, inserido em tarefas de resgate de Espíritos necessitados de amparo. Anacleta também costumava se ausentar para desenvolver atividades de auxílio e aprendizado, deixando o filho a sós por prolongados períodos.

Aos poucos, Ambrósio foi ampliando seu círculo de atuação. Passou a se encontrar com amigos e entes queridos, muitos dos quais ele nem se lembrava mais e, a cada reencontro, novas alegrias iam florescendo em seu coração, pois ele redescobria a grande extensão de seu núcleo afetivo-familiar.

Passou também a visitar o irmão enfermo, e embora não tivesse irrestrito acesso a ele, pois o rapaz estava submetido a uma espécie de profundo sono induzido, ficava observando-o e percebia o amor fraternal a expandir-se dentro de si. Comovia-se com a situação daquele infeliz e tinha muita vontade de ajudá-lo a superar tão triste condição.

✦ ✦ ✦

Uma tarde, Ambrósio estava cuidando do jardim, quando viu alguém se aproximando pela estreita vereda que recortava a campina e terminava na porteirinha do quintal. Firmou a vista tentando certificar-se de quem era aquela pessoa, aparentemente uma criança, mas não conseguiu definir-lhe a silhueta. Somente quando estava bem próximo foi que ele soube quem era e seu coração se encheu de surpresa e alegria.

— Claudinho!? – não conseguiu conter o grito que era ao mesmo tempo uma exclamação e uma interrogação.

O rapazinho abriu os braços e o convidou para um abraço.

— Ambrósio, meu querido! Bem me disseram que você está todo bonitão, livre daqueles aleijões horrorosos.

— Meu Deus, Claudinho! Por onde você andou, rapaz? O que aconteceu com você naquele dia em que desapareceu das minhas vistas?

— Calma, Ambrósio! Não faça tantas perguntas de uma só vez – o outro reclamou bem humorado. — Você é curioso demais e confunde minha cabeça.

— Desculpe, mas é que eu não consigo me controlar. Quero muito saber o que houve com você.

— É uma longa história – Claudinho respondeu com um semblante meio triste. — Vamos nos sentar ali no gramado que eu lhe conto tudo.

Os dois se sentaram sob uma árvore e Claudinho iniciou sua narrativa. Disse que no dia de seu desaparecimento, havia se afastado de Ambrósio com o intuito de se esconder e dar um susto nele, mas que não pretendia ir muito longe. No entanto, ao tentar se meter atrás de uma alta e espessa moita de capim, sentiu o chão se abrir sob seus pés e seu corpo foi sugado para dentro de um buraco que estava oculto pela vegetação.

— Não se tratava de um buraco comum – ele explicou. — Era uma rachadura no solo, aberta possivelmente pela ação de um raio que tinha caído ali. Além de ser bastante profunda, a cratera ia se afunilando, a ponto de meu corpo ficar totalmente preso antes mesmo de meus pés terem alcançado o fundo.

Ele disse não saber a que profundidade estava, mas que lá embaixo tudo era escuridão e silêncio. Claudinho quis gritar, mas sentia tanta dor e seu abdômen estava tão comprimido pela parede rochosa do buraco, que tudo o que saía de sua garganta era um sussurro rouco, de pouca intensidade. Sem conseguir se mover ou tomar qualquer medida que pudesse salvá-lo, restou esperar que alguém o encontrasse.

— Amigo Ambrósio, nunca desejei tanto ver a sua figura desengonçada como naquele dia – ele falou esboçando uma careta de aflição. — A angústia que experimentei naquele dia ainda mexe muito com a minha estrutura psicológica.

— Mas você não me ouviu chamando o seu nome? – perguntou Ambrósio. — Eu quase enlouqueci de tanto gritar por você.

Claudinho movimentou a cabeça negativamente.

— Não consegui ouvir nada... Aliás, passado algum tempo, o que comecei a ouvir foi o ronco dos trovões e deduzi que iria cair uma tempestade. Meu desespero aumentou ainda mais, principalmente quando a chuva caiu forte e o buraco começou a se encher de água.

Ambrósio sentiu um arrepio percorrer-lhe o corpo, mas não disse nada. De certo modo parecia já saber do desfecho daquela história.

— A água subiu até bem acima da minha cabeça. Prendi a respiração e resisti o quanto pude, mas de repente fui envolvido por uma forte sonolência e tive a impressão de ter dormido. Quando acordei, estava fora do buraco, a chuva havia parado e já era noite. Então tentei voltar para casa, mas não conseguia encontrar o caminho. Já estava desistindo, quando vi o pessoal da fazenda iluminando a mata com archotes nas mãos, gritando pelo meu nome. Corri até eles e comecei a gritar que estava ali, que precisava de ajuda... Mas nenhum deles me ouvia ou dava atenção. Cansado de tentar inutilmente falar com eles, desisti. Como me sentia fraco e sonolento, deitei no chão e dormi novamente.

Claudinho fez um longo silêncio que Ambrósio não ousou quebrar. Depois ele prosseguiu:

— No dia seguinte, confuso e perdido naquele matagal, consegui chegar ao local onde havia caído e tudo o que encontrei foi um amontoado de barro que havia sido arrastado pela correnteza e que encobriu totalmente a tal cratera. Por esse motivo, eu não consegui ver o corpo que acabara soterrado em uma sepultura que fora aberta e fechada pela própria natureza. Foi também por isso que as equipes de busca não localizaram o meu corpo naqueles dias e nem nas buscas seguintes, quando o mau cheiro da decomposição deveria denunciar onde ele se encontrava.

— Que história incrível! – exclamou Ambrósio, liberando com um suspiro um pouco da tensão que a narrativa de Claudinho lhe provocara. — Se eu não fizesse parte dela, talvez nem conseguisse acreditar em suas palavras.

— Eu também, meu amigo. Fiquei por um longo tempo zanzando em meio à mata, tentando encontrar o caminho de casa, mas simplesmente não consegui. Nesse período, fui perseguido por entidades raivosas que me agrediam o tempo todo, sem me darem descanso. Além das perseguições, eles me tratavam por nomes horríveis e me acusavam de haver cometido um crime muito grave, mas eu não conseguia me lembrar de nada.

E Claudinho precisou de uns segundos para tomar novo fôlego antes de continuar a narrativa.

— Quando eu já havia desistido de tudo e julgava ter enlouquecido, encontrei uma moça que me ofereceu ajuda e, como aceitei sem titubear, ela me levou a um lugar que parecia um hospital. Ali eu permaneci por mais um longo tempo, sendo cuidado por pessoas generosas que nada me pediam em troca. Fui submetido a uma espécie de viagem mental ao passado e fiquei sabendo que o acidente que me vitimou nada mais foi do que uma ação expiatória que me fez passar pela mesma experiência dolorosa que eu havia infligido à minha esposa, na encarnação passada.

E Claudinho disse que naquela encarnação havia se deixado dominar pelos instintos da possessão e do ciúme doentio. Como era casado com uma mulher muito bonita, vivia vigiando-a o tempo todo. Um dia, desconfiado de uma traição que só acontecera no campo ilusório de sua mente desequilibrada, aplicou uma violenta surra na infeliz mulher.

Depois disso, ela começou a considerar a possibilidade de se separar dele, mas Claudinho jamais admitiria que isso acontecesse. Assim, aproveitou um momento em que a esposa lavava roupa num riacho que passava próximo à residência do casal, desferiu-lhe violenta pancada na cabeça com uma barra de ferro e a afogou no leito do rio.

Depois de assassiná-la, ele enterrou o corpo numa cova improvisada entre os arbustos, visando escapar da justiça. Vários dias depois, quando deram pela falta da mulher, ele se fez de vítima, dizendo que ela tinha fugido com um amante e, mesmo tendo sido investigado, não foi nem acusado pelo crime, já que nunca encontraram o cadáver e nenhuma prova do crime foi evidenciada.

— E onde anda essa mulher? – perguntou Ambrósio espantado com o que acabara de ouvir. — Ela deve odiar você.

Claudinho sorriu sutilmente e respondeu:

— Graças a Deus, ela me perdoou. Lembra de quando eu disse que uma moça me resgatou daquele matagal?

— Sim.

— Pois essa moça era justamente a minha ex-mulher, que ainda se encontrava desencarnada e teve pena de mim. Eu só fui saber que era ela muito tempo depois, quando as lembranças dessa vida passada se formaram em minha mente, pois em nenhum momento ela me disse quem era, possivelmente para não me constranger.

— Uau! E onde ela está agora?

— Reencarnada – Claudinho respondeu com a voz um pouco triste. — Está casada, tem um marido dedicado e três filhos lindos que a amam muito. Tudo isso por merecimento dela, por não ter guardado mágoa de mim; por ter pagado o mal com o bem, quando tomou a iniciativa de me ajudar a sair daquele matagal onde eu poderia ter sofrido muito mais do que sofri.

Ambrósio fez um ar de espanto.

— Ué, e você fala isso assim, na maior tranquilidade? Não sente ciúmes dela?

— Sinto – o outro respondeu, com firmeza. — Só eu sei o quanto me custa tudo isso, mas estou passando por outra provação neste momento. Estou aprendendo a aceitar as circunstâncias da vida sem tomar medidas radicais que visem satisfazer apenas os meus instintos egoísticos. Estou aprendendo que ninguém é dono de ninguém, que todos somos livres para viver as nossas vidas e que nem Deus, que nos criou, fica ditando regras de conduta e nos obrigando a fazer esta ou aquela escolha.

— Poxa! Imagino que realmente não deve ser fácil para você...

— Se fosse, não seria provação – Claudinho respondeu. — E não cumpriria a função de me educar. É por isso que preferi manter essa aparência de menino, pois como homem seria ainda mais difícil conviver com a atual realidade. Porém, se um dia eu voltar a conviver com essa mulher, darei muito mais valor a ela, pois ficará gravado em algum compartimento de minha alma esse aprendizado sobre o quanto ela é honesta e caridosa e do quanto eu fui estúpido e inconsequente em minhas atitudes para com ela.

E Claudinho encerrou a visita esclarecendo a Ambrósio que o acidente que o vitimou foi também uma forma de arrefecer a dureza existente nos corações de Izabel e Antonino.

— Depois da dolorosa experiência que enfrentaram, os dois se tornaram mais dóceis e passaram a olhar para o próximo com um olhar um pouco mais compassivo – ele explicou.

— Que interessante – observou Ambrósio. — Na mesma trama em que estivemos envolvidos, todos nós pudemos tirar algum proveito. Isso nos mostra, mais uma vez, como são sábias e eficientes as leis universais que sempre nos oferecem a oportunidade de cumprir o roteiro que traçamos para o processo expiatório de que precisamos.

E essa observação reforçou nele a convicção de que Deus é realmente maravilhoso e que não permite que chegue até nós senão aquilo que atraímos pelas nossas próprias atitudes e necessidade de aprendizagem.

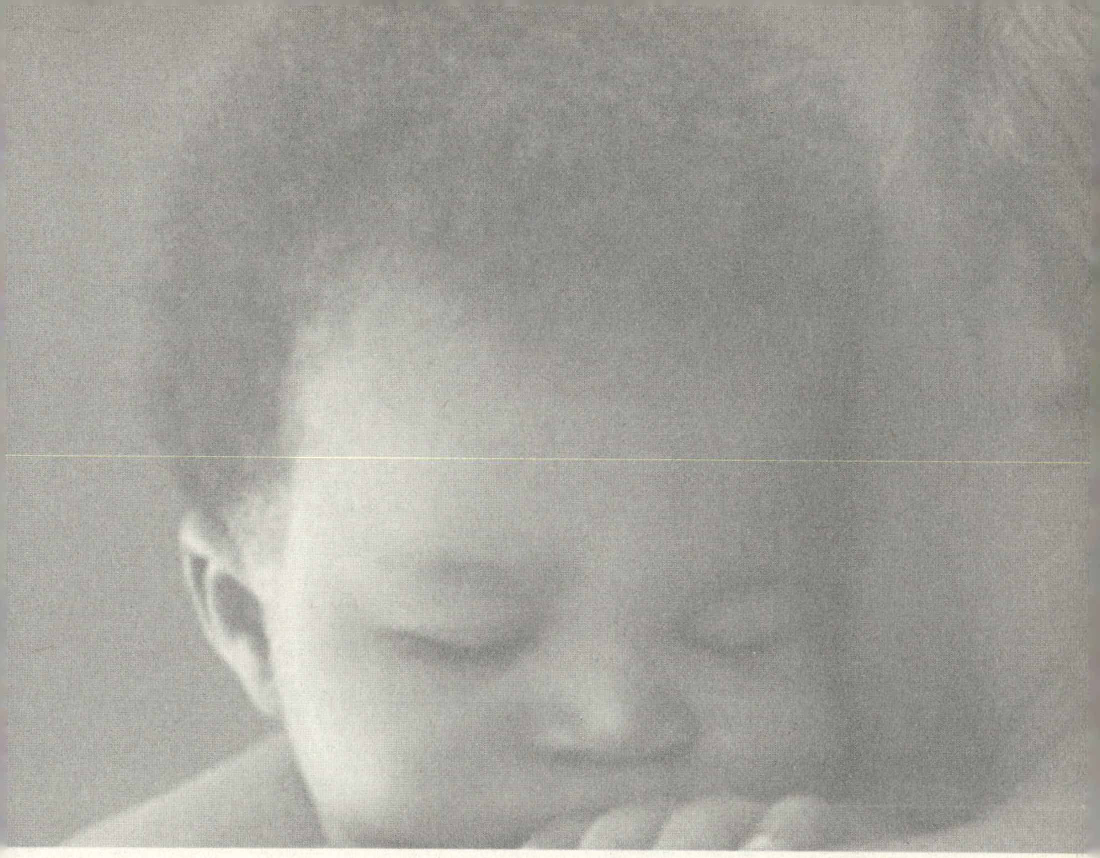

Capítulo 25
Epílogo

"O Espírito deve ser cultivado como um campo. Toda a riqueza futura depende do trabalho atual. E mais que os bens terrenos, ele vos conduzirá à gloriosa elevação."

E.S.E – cap. 11 – item 8

Sentados à sombra daquela frondosa árvore onde nos reuníamos para conversar, eu e Ambrósio contemplávamos a paisagem e, em clima de despedida, falávamos sobre as lições aprendidas naquele curto período em que estivemos juntos.

— O mundo é uma grande escola, onde todo mundo tem a oportunidade de aprender – Ambrósio observou. — Até os maus alunos, aqueles que fingem não ter aprendido, acabam acumulando conhecimentos que em algum momento eclodirão em suas consciências.

— É verdade – concordei. — E só tenho a agradecer pelo muito que aprendi com você, meu amigo! Mas diga-me uma coisa: o que lhe aconteceu depois? Você ainda vive naquela casinha com seus pais? Seu irmão ainda está em tratamento?

— Nada disso – ele respondeu sorrindo. — O universo é dinâmico demais e não nos permite tão longos períodos de estagnação. Todos nós seguimos adiante: minha mãe, Jovino, meu irmão... E eu também. Depois daquele período de refrigério e reestruturação, onde reforçamos os laços de amor que nos unem, demos sequência às nossas jornadas.

— E como você veio parar aqui?

— Vim a convite de nhô Inácio – ele respondeu. — Depois de me recuperar e estar em condições de trabalhar, meu querido amigo, que havia desencarnado um pouco antes do meu retorno à pátria espiritual, me procurou e falou sobre a necessidade de servir sempre. Trouxe-me a este Centro, que estava iniciando os seus trabalhos e perguntou se eu não gostaria de fazer parte da equipe que aqui atua. Aceitei o convite e passei um período observando e aprendendo, até que me senti em condições de contribuir e iniciei as atividades que aqui venho desenvolvendo desde então. Muito do que aqui faço foi com ele que aprendi.

— Que bacana! – exclamei com sincera alegria. — E nhô Inácio, por onde anda?

— Bastante atarefado – disse Ambrósio. — Segue desenvolvendo importantes trabalhos de amparo e esclarecimentos aqui mesmo na esfera espiritual, em sintonia constante com o plano da matéria, principalmente com médiuns de cura que desenvolvem as tarefas com amor e desapego. Talvez um dia volte a encarnar na Terra, muito embora já não tenha a obrigação de fazê-lo. Se o fizer será como missionário, para ajudar as almas retardatárias, que se atrasam em suas caminhadas.

E continuamos conversando, enquanto eu fazia uma profunda reflexão sobre a história do meu novo amigo e de todas as pessoas que, de um modo ou de outro, se apresentaram como personagens da narrativa que começava a se desenvolver em minha mente.

Ambrósio, numa atitude de extrema humildade, fez questão de deixar claro que é apenas mais um Espírito em expiação, em situação não muito diferente da de Claudete, Armando e João Carlos e de todos nós, servidores imperfeitos que lutam contra as próprias limitações, tentando ajustar as "raízes" de nossa constituição milenar ao mesmo nível de progressão moral dos "ramos" novos que vão surgindo à medida que vai florescendo em nossa consciência o despertamento espiritual.

✦ ✦ ✦

Eu já havia tomado quase todas as anotações de que precisava, quando Ambrósio me chamou para acompanhar uma conversa que o dirigente do Centro Espírita estava tendo com um jovem casal, que chegara à Casa naquela noite.

O marido deveria ter uns 25 anos, era um mulato alto, de compleição agradável, que expunha no rosto um sorriso franco e natural. A esposa, um pouco mais jovem, também era detentora de grande beleza física e o semblante calmo e harmonioso de seu rosto projetava uma aura de bondade extrema. Entramos no momento em que Dirceu os recebia com um largo sorriso de boas-vindas:

— João e Teresa, meus queridos amigos, que prazer recebê-los de volta à nossa Casa – disse ele com os braços abertos, acolhendo-os em um caloroso abraço.

A seguir, afastou-se um pouco, olhou-os ainda sorridente e perguntou:

— E Dolores? Como está nossa pequena princesa?

Só nesse momento percebi que o homem trazia no colo um pequeno volume, embrulhado em um cobertorzinho rosa, estampado com flores minúsculas e joaninhas multicoloridas. Ele afastou para os lados as abas do cobertor e expôs um rostinho miúdo, com a pele ainda enrugada dos recém-nascidos.

— Está linda, senhor Dirceu! Veja só como se parece comigo – disse o pai com indisfarçado orgulho.

O dirigente do Centro olhou para a criança, fez uma careta brincalhona e pilheriou:

— Parecida com você? Graças a Deus que não! Para felicidade desta criança, ela possui apenas os traços fisionômicos da mãe.

Os três começaram a rir. Depois Dirceu ficou mais sério e perguntou:

— O que o médico disse sobre a saúde dela?

— Bem, é aquilo que nós já sabíamos desde o início – respondeu Teresa. — A Dolores tem uma má formação cerebral, que lhe trará algumas limitações físicas e intelectuais; tanto é que o próprio médico que acompanhou a gestação sugeriu a possibilidade de abortá-la. Mas estamos muito otimistas. Acreditamos que, à medida que for crescendo e, com a assistência médica e espiritual que pretendemos oferecer a ela, isso irá se consertando. Temos fé em Deus e uma grande esperança de que nossa filha terá uma vida quase normal.

— Vocês fizeram muito bem em não aceitar a sugestão de a abortarem – observou Dirceu. — Este Espírito vem de uma situação complicada e esses problemas de má formação são consequências dos sentimentos de mágoa e revolta que o dominaram durante muito tempo, provocando deformações perispirituais que se projetaram no corpo carnal. Tenho certeza de que o melhor remédio para a Dolores é esse amor imenso que vocês sentem e que sentirão sempre por ela.

— Quanto a isso, não tenha dúvida – disse João. — Nós já a amávamos antes mesmo de seu nascimento. Vivíamos sonhando com ela e não víamos a hora de tê-la em nossos braços.

— Sim. Do mesmo modo como agora vivemos sonhando com o garotinho lindo que virá ampliar a nossa felicidade – Teresa completou com os olhos brilhando de emoção.

O casal trocou um olhar cheio de ternura enquanto Dirceu lhes perguntou:

— E quando vão retomar os estudos doutrinários interrompidos por conta do nascimento da menina? Estamos precisando de servidores dedicados como vocês para as tarefas espirituais que têm aumentado a cada dia.

— Muito em breve retornaremos – respondeu João. — Na verdade, eu já volto na próxima semana e Teresa voltará assim que a Dolores estiver um pouco maior e puder ficar com os cuidadores voluntários do Centro.

— Que maravilha, meus queridos! Que coisa maravilhosa! – exclamou Dirceu, dando continuidade ao animado e afetuoso diálogo.

+ + +

Enquanto eles prosseguiam conversando, Ambrósio me chamou para sairmos. Deixamos as instalações do Centro Espírita e nos dirigimos para uma rua sossegada a algumas quadras dali. Ao chegarmos, meu amigo apontou para uma casa bonita, com um exuberante jardim no quintal e disse:

— Esta é a residência do casal que estava conversando com o Dirceu.

— É uma linda casa! – exclamei. — Mas por que você me trouxe aqui?

E Ambrósio estava com a voz embargada quando explicou:

— João e Teresa são agora a reencarnação de Jovino e de minha mãe Anacleta. A pequenina Dolores é o irmão que eu deveria ter tido, mas que foi assassinado logo após o nascimento. Desta vez ele veio no corpo de uma menina para que sua natureza agressiva seja um pouco contida pela constituição normalmente mais sensível e dócil dos organismos femininos. As deficiências mentais que trouxe são frutos dos sentimentos inferiores que ainda o dominam, como Dirceu bem explicou.

— Que interessante – eu admiti. — Essas informações realmente me pegaram de surpresa...

— Eu o trouxe aqui, amigo Basílio, para que você se lembre deste endereço – Ambrósio interrompeu-me ainda comovido. — Dentro de alguns anos, haverá um garotinho brincando neste quintal, protegido pela sagrada lei do esquecimento, ajudando os pais a cuidarem da irmãzinha deficiente e fazendo as travessuras comuns a todas as crianças em desenvolvimento físico e intelectual. Se por essa época você passar por aqui, dê a sua bênção a esse menino e, se puder, envolva-o em vibrações de amor e o inspire a trilhar pelo caminho do bem.

E, antes que eu dissesse qualquer coisa, ele completou com os olhos marejados por cintilantes lágrimas de emoção:

— Porque esse garotinho serei eu, o "negro Ambrósio" de volta à vida terrena para mais uma experiência no plano da matéria, em busca de novas conquistas para a progressão do Espírito imortal.

E a forte comoção que nos envolveu naquele momento destacou o silêncio que era quebrado apenas pela brisa noturna, trazendo um leve rumor aos nossos ouvidos e, aos nossos olfatos, o aroma suave das flores que enfeitavam o jardim da casa onde Ambrósio em breve estaria vivendo ao lado da família à qual se encontrava vinculado pela sagrada aliança de amor e gratidão. Porque, a cada ciclo vencido em uma esfera, o Espírito estará **livre para voltar** à outra e retomar a tarefa que inevitavelmente terá de ser terminada.

Fim

Campanha de Preservação da Vida

EDITORA ALIANÇA

Tema: ABORTO

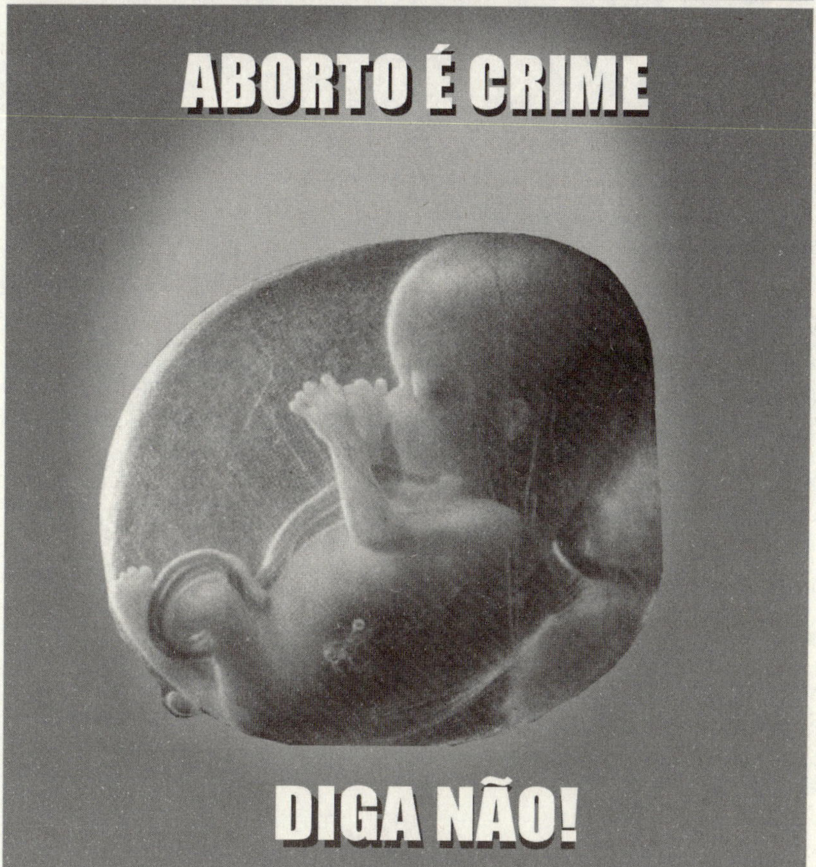

O Livro dos Espíritos, Allan Kardec - questão 358:

Pergunta: *O aborto provocado é um crime, qualquer que seja a sua concepção?*

Resposta dos Espíritos: *Há sempre crime quando se transgride a lei de Deus. A mãe ou qualquer pessoa cometerá sempre um crime ao tirar a vida de uma criança antes do seu nascimento, porque isso é impedir a alma de passar pelas provas de que o corpo devia ser instrumento.*